Schirner
Verlag

„Wer mit den Engeln reist, sieht mit dem Herzen gut, er öffnet sich für den Augenblick und erlebt Fügungen, von denen er im Traum nicht gedacht hätte, dass sie wahr werden könnten."
Dieses Buch beruht auf dem reichen Erfahrungsschatz der Autorin, die seit nunmehr 20 Jahren – mit Engeln des Himmels und der Erde im Gepäck – um die ganze Welt reist.

Mit den Engeln zu reisen ist Urlaub von Anfang an. Wenn wir die Engel bitten, uns auf der Reise zu begleiten, so öffnen wir automatisch unser Energiefeld. Wir drehen uns nicht nur um uns selbst und vielleicht noch um unsere Angehörigen, sondern wir öffnen uns für die innere Stimme, die äußeren Umstände und die göttliche Führung. Wir werden uns der Verbindung mit allem bewusst, ganz egal, welche Reise wir antreten. Auf diese Weise entdecken wir neue Wege und Pfade. Es kommt zu Fügungen, die wir vorher vielleicht nicht wahrnehmen konnten. Wir erkennen Möglichkeiten, an die wir gar nicht gedacht haben, da sie bisher nicht in unserem Blickfeld lagen. Wir erkennen Möglichkeiten, an die wir gar nicht gedacht haben, da sie bisher nicht in unserem Blickfeld lagen. Die Reise bekommt einen neune Sinn, eine leuchtende Intensität und bringt uns tiefgreifende, auf Erfahrungswerten beruhende Erkenntnisse, aus denen wir ein Leben lang schöpfen können.

Dieses Buch möchten Ihnen neue Wege des Reisens eröffnen. Schnallen Sie sich an ... und viel Spaß beim Lesen und Reisen!

Jeanne Ruland ist Buchautorin mit langjähriger schamanischer Ausbildung und viel praktischer Erfahrung im Umgang mit den Energien der geistigen Welt. Durch ihre vielen Reisen kam sie in tiefe Berührung mit unterschiedlichen Wegen und Kräften, die jedoch im Kern alle zur Einheit, zu Gott, zur Quelle führen. Ihr Wissen gibt Jeanne Ruland nun in die Welt, um andere im Herzen zu berühren.

Jeanne Ruland

Mit Engeln reisen

Schirner
Verlag

ISBN 978-3-89767-383-0

Jeanne Ruland:
Mit Engeln reisen
© 2008 Schirner Verlag, Darmstadt

Umschlag: Silja Korsmeier
Redaktion und Satz: Heike Wietelmann
Fotos: Jeanne Ruland, Murat Karaçay,
Anne Bolzmann (Bild S. 53)
Herstellung: Reyhani Druck & Verlag, Darmstadt
Printed in Germany

www.schirner.com

1. Auflage 2008

Inhalt

Ich wünsche viel Segen auf allen Wegen.
Mögen die Engel uns lichtvoll begleiten und
führen
und neue Wege der Wunder
und des Staunens eröffnen.
Wir sind nicht alleine –
alles ist miteinander verbunden.
Lange vorbereitet sind die Erkenntnisse,
die zu euch kommen.
Möge jede Reise zu einer lichtvollen
außergewöhnlichen Erinnerung werden,
welche bemerkenswerte Erkenntnisse bringt
und das Leben für immer glücklich
und segensreich verändert.

JEANNE RULAND

Danksagung

Dieses Buch widme ich allen Menschen, die sich auf ihrer Lebensreise von Engeln begleiten lassen – und natürlich auch den Engeln selbst.

Ich danke allen, die mich dabei unterstützt haben, dieses Buch zu schreiben: meinen Verlegern Markus und Heidi Schirner, Wulfing von Rohr, dem Lektorat, meinem Mann Murat Karacay, meinen drei Kinder Silva, Samy und Keanu und den Engeln, die mich anleiteten und mir wichtige Impulse gaben.

Möge es zum Segen von allem sein.

Jeanne Ruland

Vorwort

„Die Welt ist ein Buch. Wer nie reist, sieht nur eine Seite davon."

Augustinus von Hippo

Das Reisen ist für mich ein wichtiger Meilenstein auf dem Weg zur Erkenntnis und zu sich selbst. Das Leben hier auf Erden ist ja quasi vergleichbar mit einer Reise, die mit der Geburt beginnt und mit dem Tod endet. In den unterschiedlichen Phasen des Lebens hat diese Reise viele Stationen, verschiedene Abschnitte und unterschiedlichste Wegbegleiter, die uns Erkenntnisse, Erfahrungen und Herausforderungen bringen und unser Bewusstsein erwachen lassen.

Wenn wir uns auf Reisen begeben, verlassen wir die alltäglichen „Trampelpfade" des Lebens und öffnen uns neuen Wegen und Horizonten. Wir erfahren den Strom der Wandlung und erleben, vor allem beim Reisen durch fremde Länder, dass Werte, Normen, Glaubensbekenntnisse und Weltvorstellungen sehr unterschiedlich sein können und dass das, was wir in unserem bisherigen Alltag erfahren haben, nur *eine* Variante von sehr vielen ist. Auf diese Weise erhalten wir neue Freiheiten und Wahlmöglichkeiten und können unser Leben in einem ganz anderen Umfeld reflektieren. Vielleicht werden wir plötzlich sehr dankbar für das Leben beziehungsweise die Umstände, in die wir hineingeboren wurden, und die vielen Möglichkeiten, die wir haben. Wir lernen neue Wege kennen, die unser Dasein bereichern und erweitern. Wir schließen vielleicht Freundschaften, die unser Leben verändern, und integrieren die Schönheit anderer Länder durch neue Kochrezepte, Bilder oder einfach nur wundervolle Erinnerungen in unser Leben, üben uns vielleicht sogar darin, andere Sitten und Bräuche zu verstehen … Es kann auch passieren, dass etwas in uns erwacht und sich wieder erinnert … Kurz gesagt bietet das Reisen also eine Fülle an neuen Erfahrungen, Perspektiven und Wegen in die verschiedensten Richtungen.

Reisen und die Erfahrungen mit Engeln, Meistern und Naturgeistern sind zwei wichtige Faktoren in meinem Leben, die oft auf harmonische Weise zusammenfließen. Dies möchte ich in diesem Büchlein mit Ihnen teilen.

Da ich in meinem Leben oft gereist bin, habe ich viel gesehen und erlebt und kann aus einem reichen Fundus an Erfahrungen schöpfen. Ich weiß, wie es ist, wenn man sich nicht dem Augenblick öffnen kann, wenn das Herz verschlossen ist und man seinen Blick nur noch auf die sichtbaren, unüberwindlich erscheinenden Hindernisse richten kann, wenn alles anders läuft als geplant und man sich abgeschnitten von allem fühlt.

Ich weiß aber auch, wie es ist, wenn ich ganz gegenwärtig und mit offenem Herzen in Begleitung meiner Engel unterwegs bin. Dazwischen liegen Welten, Räume und unglaubliche Erfahrungen.
Lassen Sie sich die Augen öffnen für eine neue Sicht des Reisens.

Die größte Sehenswürdigkeit, die es gibt, ist die Welt –
sieh sie dir an.
KURT TUCHOLSKY

Einleitung

„Wer mit Engeln reist, sieht mit dem Herzen gut,
er öffnet sich für den Augenblick
und erlebt Fügungen,
von denen er im Traum nicht gedacht hätte,
das sie wahr werden können."

Normalerweise sind wir beim Reisen darauf bedacht, unsere Siebensachen beieinanderzuhalten und uns höchstens noch um unsere Angehörigen zu kümmern. Und wenn die Dinge nicht so laufen, wie wir wollen, dann ärgern wir uns natürlich. Wir stehen bei sengender Hitze oder klirrender Kälte auf der Autobahn im Stau – und nichts tut sich; wir harren stundenlang geduldig in der Schlange vor einem Flugschalter – und bekommen nicht die Plätze, die wir uns gewünscht haben. Und im Hotel wird ausgerechnet neben unserem Zimmer umgebaut. Außerplanmäßige Ereignisse, die uns keinen Spaß bringen, durchkreuzen unsere Pläne, und somit entstehen jene Zustände von Anspannung, Stress und Unbehagen, von denen die meisten Reisenden ein Lied singen können. Und am Ende sind wir froh, wieder zu Hause zu sein.

Mit Engeln reisen ist hingegen Urlaub von Anfang an. Wenn wir die Engel bitten, uns auf der Reise zu begleiten, öffnen wir automatisch unser Energiefeld. Wir drehen uns nicht mehr nur um uns selbst und unsere eigenen Belange, sondern öffnen uns gleichermaßen für die innere Stimme, die äußeren Umstände und die göttliche Führung. Wir werden uns immer mehr bewusst, dass wir mit „allem" in Verbindung stehen und lernen, auf unsere Intuition zu hören. Auf diese Weise bemerken wir neue Wege und Pfade, Fügungen, die wir vorher vielleicht nicht wahrnehmen konnten, obwohl sie schon immer da waren, und Möglichkeiten, an die wir gar nicht gedacht haben, weil sie nicht in unserem Blickfeld lagen.

Wir bekommen blitzartige Eingebungen in Form von Bildern und Gedanken, die der Situation eine unerwartete Wende bringen, und entdecken die Lücken und Fügungen des Augenblicks. Ereignisse, die uns normalerweise aus der Bahn geworfen hätten, eröffnen uns unerwartete Räume, in denen lang gehegte Träume wahr werden können. Wir erlauben unserer geistigen Führung und den Engeln, uns zu führen. Wir beginnen, darauf zu vertrauen, dass für uns und unsere Lieben auf beste Weise gesorgt wird.
Indem wir dem Kosmos erlauben, uns zu führen, wird unsere Reise zu einem einzigartigen Erlebnis.

Es ist, als ob wir uns aus dem eingleisigen, zielgesteuerten Denken, das uns nur *einen* Weg vorgibt, lösen und plötzlich das Potenzial der Möglichkeiten sehen, das sich uns eröffnet – ohne natürlich das Reiseziel aus dem Auge zu verlieren –, weit über die sichtbare Dimension hinaus.

Hier eine Geschichte aus dem Leben, wie das Reisen mit Engeln verlaufen kann:
Eine Bekannte von mir hatte schöne Geschichten geschrieben, und sie wusste nicht, was sie mit ihnen anfangen sollte. Sie beschloss, ein paar Tage Urlaub in Griechenland zu ma-

chen, um sich ein wenig zu erholen, und bat die Engel, sie auf der Reise zu begleiten. Ohne zu wissen, warum, packte sie auch ihre Aufzeichnungen, die sie bisher noch niemandem gezeigt hatte, ein.

Nochmals bat sie die Engel, sie zu führen und für den Augenblick zu öffnen.

Am Flughafen stand sie in einer Schlange am Schalter. Sie wünschte sich einen Fensterplatz. In dem Gefühl, von den Engeln begleitet zu sein, öffnete sie sich für den Augenblick. Sie erhielt einen Platz am Gang, blieb jedoch im Vertrauen. Im Flugzeug fand sie ihren Platz neben einem netten Herrn, der lieber den Gangplatz beanspruchte und ihr liebend gerne den Fensterplatz gab. Sie kamen ins Gespräch und trafen sich abends in der Hotellounge wieder. Sie verabredeten sich für einen Ausflug. Es stellte sich heraus, dass der nette Herr Verleger war. Da sie ihre Geschichten dabeihatte, konnte sie ihm diese noch an Ort und Stelle zeigen. So entwickelte sich in diesem harmonischen, sehr erfüllten Urlaub nicht nur eine lange Freundschaft, sondern einige Zeit danach erschienen auch mehrere schöne Bücher.

Eine andere Freundin von mir fand auf diese Weise den Mann fürs Leben. Sie bat die Engel, sie zu führen, blieb im Vertrauen und rannte ihrer großen Liebe regelrecht in die Arme.

Wenn Sie die Engel bitten – folgen Sie bitte uneingeschränkt Ihren Eingebungen, wie unsinnig sie sich auch im Moment anfühlen mögen.

Engel

Aus meiner langjährigen Erfahrung mit den geistigen Kräften und insbesondere mit den Engeln möchte ich hier noch eine Anmerkung zu den Engelfreunden machen.

*„Engel sind Strahlen aus dem Lichte Gottes –
der Quelle der Einheit."*

Engel können uns auf sehr unterschiedliche Weise begegnen. Tatsächlich können wir sie so erleben, wie sie im Allgemeinen dargestellt werden: als strahlende Lichterscheinungen, die weit über das menschliche Energiefeld hinausgehen, mit Schwingen aus Licht, welche dazu dienen, Raum und Zeit augenblicklich zu überwinden.

Ich persönlich würde sie als ein übernatürliches Licht beschreiben, das aus dem Licht Gottes stammt, jener ursprünglichen Quelle, jenseits von Raum und Zeit. Ich habe sie als irisierendes, hell-glühendes, Liebe verbreitendes Licht in unterschiedlichen Erscheinungen, Farben, Formen und Schwingungen wahrgenommen – zum Beispiel in Form von

Energiekugeln, Flammen, gleißend-fließendem Licht, Blitzen, Leuchten, Funkeln, Sprühen; aber auch in Form von
blitzartigen Eingebungen, Bildern, Signalen im Körper und
in lichtvollen Träumen haben sie sich schon bemerkbar gemacht.

Das Wirken der Engel habe ich auch schon ganz praktisch
erlebt, und zwar durch Mitmenschen, die mir eine Botschaft
übermittelten, durch die Natur (Tiere, Steine, Pflanzen ...),
durch Fernsehen, Radio oder Werbeplakate. Im Verlauf
dieses kleinen Reisebegleiters werde ich noch genauer darauf eingehen.

Wenn wir mit Engeln wirken, können Wunder geschehen,
Dinge sich wandeln und eine Situation ganz neu erfahren
werden.

Genauso können wir alles, was uns belastet, alles, was für
unseren Verstand nicht fassbar ist, an die Engel abgeben in
dem Wissen, dass dafür nun auf beste Weise gesorgt wird.

*„In Gegenwart dieser Lichtwesen empfinden wir vollkommene
Bejahung und Geborgenheit. Die Liebe, die es ausströmt, ist
einfach unvorstellbar, überhaupt nicht zu beschreiben. Es war
eine Wohltat, sich in seiner Nähe aufzuhalten, und es war auch
humorvoll auf seine Art."*
RAYMOND A. MOODY

Da wir alle einzigartige Individuen sind, haben wir ganz
unterschiedliche Wege, mit Engeln zu korrespondieren und
sie wahrzunehmen. Wir alle haben einen „sechsten Sinn"
und können über die innere Ebene, über unsere Intuition,
wahrnehmen.

Bei jedem von uns ist diese Fähigkeit auf unterschiedliche

Weise mehr oder weniger stark ausgeprägt. Einige sind mehr mit „Mutter Erde" verbunden, andere mit „Vater Himmel", oder „Großmutter Mond", jeder von uns hat andere Zugänge zu den Elementen Wasser, Erde, Feuer, Luft, Äther. Daher kann ein und dieselbe Sache oft sehr unterschiedlich erlebt werden.

Wir können „hellsehen", das heißt, wir nehmen über das „dritte Auge" die feinstoffliche Energie wahr, „hellfühlen", indem wir über unsere Sinne Veränderungen im energetischen Bereich wahrnehmen, und „hellhören", indem wir über das „innere" Gehör Botschaften empfangen. Unsere Sinne helfen uns, auch feinstoffliche Energien aufzunehmen. Testen Sie einfach mal, welchen Zugang Sie zu jenen „anderen Dimensionen" haben. Dieses Büchlein ist sicher nicht zufällig in Ihre Hände gefallen. Mögen Sie viel Segen auf Ihren Wegen erfahren.

Alles kann sich stetig verändern und unterliegt einem permanenten Wandlungsprozess, deshalb ist es gut, gegenwärtig zu sein und die Dinge immer wieder neu wahrzunehmen.

Wer mit dem Licht wirkt, arbeitet mit der Kraft der Engel. Wir haben die Wahl und einen freien Willen. Mögen wir ihn zu unserem Wohl und zum Wohle aller einsetzen, für das Erwachen, die Liebe, den Frieden, die Freiheit und einen neuen Weg in der Mitmenschlichkeit.

„Besuche einmal im Jahr einen Ort,
den du noch nicht kennst."
DALAI-LAMA

Zwiesprache mit den Engeln

„Die Rückkehr der Engel ins menschliche Bewusstsein
könnte durchaus eine der größten Überraschungen des
21. Jahrhunderts werden."

H. C. Moolenburg in: Begegnung mit den Engeln

Wenn einer eine Reise tut …

„Wenn Engel reisen, lacht die Sonne.“

Der Begriff „Reise" stammt von dem althochdeutschen Wort „risan" ab, was so viel bedeutet wie „aufstehen", „sich erheben", „sich auf den Weg machen" – also mit anderen Worten: Aufbruch in etwas Neues!

Reisen ist so alt wie die Menschheit. Zu allen Zeiten zogen Menschen, einzelne Gruppen oder ganze Völker, aus, um neues Land zu entdecken, das Leben zu erkunden und ihren Horizont – und damit den der gesamten Menschheit – zu erweitern, oder einfach nur, um über sich hinauszuwachsen.

Momentan befinden wir uns in einer Epoche des großen Umbruchs. Wir können fast jedes Ziel auf unserer Erdkugel in weniger als 24 Stunden erreichen. Über Fernsehen und Internet sind wir zeitgleich mit den entferntesten Teilen dieser Welt verbunden. Der Tourismus boomt. Andere Länder, Sitten und Gebräuche sind für uns längst kein Geheimnis mehr.

Dennoch kann uns jede Reise, die wir unternehmen, neue Erkenntnisse, ja einen regelrechten Schatz an neuen Erfahrungen bringen, unsere Sicht erweitern und unser Leben umfassend verändern. Es ist gut, den eingefahrenen Weg des Alltags ab und an zu verlassen und unbekannte Wege zu gehen. Wir können eine Reise mit äußeren Sinnen und innerem Gewahrsein erfassen, wenn wir uns dem gegenwärtigen Moment öffnen und unseren Eingebungen folgen.

Verschiedene Arten zu reisen

„Zu den Eigentümlichkeiten unserer Zeit
gehört das Massenreisen.
Sonst reisten bevorzugt Individuen,
jetzt reist jeder und jede."
THEODOR FONTANE

In der heutigen Zeit gibt es viele verschiedene Möglichkeiten zu reisen. Je nach Neigung, Bedürfnis und Interesse kann man sich auf Bildungsreisen, Geschäftsreisen, Erholungsreisen, mystische Reisen, Wellnessreisen, Abenteuerreisen, Pilgerreisen, Gruppenreisen, Sportreisen, Kurzurlaube, Kultururlaube, Forschungsreisen, Zeitreisen, Selbstfindungsreisen, innere Reisen und vieles mehr begeben.

Und das zu Wasser, zu Fuß, mit dem Fahrrad, dem Auto, dem Wohnmobil, dem Flugzeug.

Wir unternehmen eine Reise, um etwas Bestimmtes zu erledigen, ins Rollen zu bringen, zu uns zu kommen, unser Wissen zu erweitern oder aber, um auf den Spuren unserer Seele zu wandern. Somit ist die Art unserer Reise schon mit einem Bedürfnis, einem Interesse und einem inneren Ziel verbunden.

Stonehenge: einer der
wohl bekanntesten
Kraftorte der Welt

Überlegen Sie mal: Warum machen Sie eine Reise? Was ist ihr Sinn und Zweck? Und welches Bedürfnis steht dahinter? Es gibt unendlich viele Beweggründe, warum einer eine Reise tut. Hier einige Motive zur Anregung.

Reisen Sie,
- um sich zu erholen und zu entspannen?
- um sich selbst zu finden, aus Abenteuerlust?
- um neue Erfahrungen zu machen, in Gruppen oder allein?
- um sich zu bilden?
- um vergleichen und mitreden zu können?
- um neue Teile der Welt zu erfahren?
- um dem Alltag und sich selbst zu entfliehen?
- um Heilung zu erfahren?
- um sich selbst zu finden?
- um anderen eine Freude zu machen?

Die Motivation für eine Reise, auch die verborgenste Motivation, kann ungeheuer wichtig sein für den Reiseverlauf. Die bewusste und unbewusste Motivation der Reise ist der Magnet, der all das anzieht, was gebraucht wird, damit sich die Motivation, aus der heraus wir handeln, erfüllt. Wir erleben also genau das, worauf wir unsere Aufmerksamkeit richten.

Wollen Sie wirklich in den Urlaub, oder fahren Sie nur mit, damit der Partner und die Kinder zufrieden sind? Wenn Sie nicht wirklich wollen und Widerstände spüren, dann werden Sie höchstwahrscheinlich auch Entsprechendes erleben, damit Ihr Gefühl hinsichtlich der Reise bestätigt wird.

Darum nehmen Sie sich einen Augenblick Zeit, und überlegen Sie, was das genaue Motiv für die bevorstehende Reise ist. So können Sie, wenn es notwendig ist, eventuell noch eine Kurskorrektur vornehmen und einen Weg finden, der mit Ihren inneren positiven Empfindungen im Einklang steht. Bedenken Sie, dass es auch um Ihre Lebenszeit geht und um das, was Sie daraus machen. Übernehmen Sie die Verantwortung dafür, und erwarten Sie nicht, dass Ihr Partner oder Ihre Familie Ihnen Ihre unausgesprochenen Wünsche und Erwartungen erfüllen. Es gibt immer gute Lösungen für alle Beteiligten. Kommt von allen Beteiligten ein klares „Ja", können Sie die Reise, ohne zu zögern, antreten. Kommen jedoch Unstimmigkeiten und Zweifel auf, sollten Sie sich für flexible Möglichkeiten, Lösungen oder neue Wege öffnen.

Das Leben ist keine Sackgasse,
und selbst wenn wir mal in eine geraten,
so können wir wieder hinaus
und zurück in unser Zentrum finden.
Aus diesem erhalten wir
neue Möglichkeiten und Wege.

Übung:

Bevor Sie eine Reise planen, nehmen Sie sich ein paar Minuten Zeit, und schreiben Sie all Ihre Bedürfnisse und Ziele, die Sie mit der Reise verbinden, ohne lange darüber nachzudenken, auf einen Zettel.

Ihre Motive können sich ruhig auch widersprechen. Ein Widerspruch bedeutet nicht entweder/oder, sondern sowohl/als auch ... alles zu seiner Zeit.

Wenn Sie mit Ihrem Partner oder der Familie reisen wollen, so kann jeder der Beteiligten aufschreiben, was er sich wünscht, zum Beispiel Meer, Berge, Sonne, Entspannung, Sport, Gemeinsamkeit, Ruhe, Stille oder Party, allein sein, etwas mit der Familie erleben beziehungsweise Zeit für sie haben, Bildung, bestimmte Orte oder Menschen besuchen, Geschäftsabschlüsse machen – was auch immer.

Sie merken sicher schon beim Schreiben, wo Ihre Bedürfnisse liegen.

Nummerieren Sie nun Ihre Wünsche von 1 bis 15, und zwar absteigend von dem, was Sie als wichtigstes Element empfinden, bis zu dem, worauf Sie zur Not verzichten könnten. Akzeptieren Sie alles, was sich zeigt, und heißen Sie es willkommen.

Reiche mir die Hand!
Wir sind das Band, die Brücke und der Bogen
zwischen unten und oben.
Antworten der Engel, Gitta Mallasz

Laden Sie nun die Engel ein, die Reise zu segnen und einen Weg zu finden, alle Motive und Bedürfnisse auf harmonische Art und Weise miteinander zu verbinden. Damit beziehen Sie eine höhere Ebene mit ein, welche aus einer übergeordneten Perspektive die Geschicke der Reise lichtvoll lenken kann, sodass sich alles passend fügt.

Praktisch kann dies so aussehen: Lesen Sie sich Ihre Zettel gegenseitig vor, und schauen Sie, was übereinstimmt und wo individuelle Bedürfnisse bestehen. Legen Sie die Zettel in die Mitte des Tisches. Stellen Sie sich vor, wie eine Blume in Ihrem Herzen erblüht und es für die Reise öffnet. Halten Sie Ihre Hände segnend über die Zettel, und bitten Sie Ihren

Engel, dieses Vorhaben zu segnen und die beste Lösung für alle Beteiligten zu senden. Stellen Sie sich jetzt einen Regenbogen aus Licht vor, und schauen Sie, welche Farbe* aus Ihren Händen in die Mitte des Tisches fließt. Lassen Sie den Segen so lange fließen, bis der Energiestrom in den Händen nachlässt. (Vielleicht werden die Hände warm oder kribbeln ... und werden wieder kühler, wenn der Strom nachlässt.) Probieren Sie es aus!

Geben Sie den geistigen Kräften ein bis drei Tage Zeit, Ihnen Zeichen und Antworten zu senden. Vielleicht bekommen Sie eine spontane Eingebung, einen Hinweis – und sei es über das Fernsehen oder Reklame ... Die Engel haben viele Wege und Kanäle, uns Zeichen zu senden.

Die Reise-Collage

Sie können eine Reise-Collage anfertigen, in dem sie alles aufkleben, was sie auf einer Reise erleben, erreichen oder erfahren möchten. (Z.B. Ruhe, Liebe und Frieden genau-

so wie Kraftorte, gute Geschäftsabschlüsse, besondere Veranstaltungen, Treffen von Meistern, neue Kontakte ... der Phantasie sind hier keine Grenzen gesetzt.) Schauen sie sich die Zielkollage immer mal wieder an. Eine Zielkollage kann man auch sehr schön mit der ganzen Familie gestalten.

* Die Bedeutung der Farben finden Sie im Anhang.

Traumbotschaften der Engel

„Schlaf erst einmal eine Nacht darüber!"

Bevor Sie eine endgültige Entscheidung treffen und die Reise konkret buchen, schlafen Sie erst einmal eine Nacht darüber. Bitten Sie beim Einschlafen Ihre Engel, Ihnen Zeichen zu senden. Bereiten Sie sich auf das Einschlafen vor, indem Sie den Tag noch einmal an sich vorbeiziehen lassen. Atmen Sie alle Belastungen aus und frische Energie ein.

Oft verarbeiten wir im Traum die Ereignisse des Tages. Wenn wir dies schon vor dem Einschlafen erledigen, so ist in der Nacht Zeit für geistige Botschaften und höhere Ebenen.

Ein Kristall in der Hand und die Vorstellung, ganz von diesem kristallinen Licht eingehüllt zu sein, können das Traumbewusstsein erwecken und erhöhen. Daher ist es hilfreich, Stift und Zettel neben das Bett zu platzieren. Bitten Sie die Engel mit Worten aus Ihrem Herzen, Ihnen einen Traum zu senden.

Solch ein Gebet könnte beispielsweise lauten:

„Liebe Engel,
ich bitte euch um ein Zeichen für diese Reise.
Lasst mich einen klaren Weg erkennen,
zum Wohle aller Beteiligten,
auch zu meinem Wohle.
Ich bitte euch,
begleitet unser Vorhaben von Anfang an.
Ich danke euch aus der Tiefe meines Herzens
für euren Beistand und euer Licht."

Während des Schlafes gleicht sich unser Wachbewusstsein mit einer umfassenderen Bewusstseinsebene ab. Dies ist ein sinnvoller Mechanismus, denn der Körper nutzt den Nachtschlaf nicht nur dazu, sich zu regenerieren, sondern auch dazu, die Eindrücke des Tages zu verarbeiten, zu verwerten und „aufzuräumen". Bis zum nächsten Morgen hat sich auch auf psychischer Ebene wieder der ursprüngliche, harmonische Zustand eingestellt.

Im Traum können wir wichtige Hinweise erhalten. Ausschlaggebend ist jedoch unser Aufwachgefühl am nächsten Morgen. Bevor Sie die Augen öffnen, sollten Sie also immer ganz genau in sich hineinfühlen, um dies zu erspüren.

„Die Augen sind die Fenster der Seele.
Wenn wir sie öffnen, weht das Traumgeschehen davon."

Fühlen wir uns also leicht, gut und getragen, so ist dies als „Ja" für die geplante Reise zu werten – ungeachtet des eigentlichen Trauminhaltes. Haben Sie jetzt immer noch Freude und Lust, diese Reise zu unternehmen, dann buchen Sie!

Fühlen Sie sich hingegen bei dem Gedanken an die Reise erschöpft, schwer, durcheinander, so sollten Sie die Reiseplanung noch mal überdenken und überschlafen und eventuell eine Kurskorrektur vornehmen. Der zeitliche Abstand und die Abgleichung mit der eigenen Seelenwelt ist meist ein sehr guter Ratgeber, nicht nur vor einer Reise.

Tobias
und Erzengel
Raphael

Das ist
ein guter
Beginn:
Die Engel
von Anfang an
mit auf die Reise
zu nehmen
und sich schon
bei den
Vorbereitungen
ihrer Führung
zu erfreuen, an-
statt sie nur in
Notsituationen
durch Stoßgebete anzurufen.

Tobias und Erzengel Raphael

„Willst du auf Reisen gut beraten sein – lass dich mit Erzengel Raphael ein.
Er wird dich führen, deine Seele berühren. Er kennt auf allen Wegen den göttlichen Segen."

Die bekannteste Geschichte eines Menschen, der mit Engeln gereist ist, finden wir in der Bibel im Buch Tobias (auch Tobit). Das Buch Tobit soll im dritten Jahrhundert vor Christus verfasst worden sein und stärkte den Glauben an die unsichtbaren Helfer.
Ich möchte diese Geschichte hier kurz in eigenen Worten wiedergeben.

Im Buch Tobit finden wir die Geschichte von Tobias und seinem blinden Vater Tobit. Dieser bittet seinen Sohn, in eine weit entfernte Stadt zu ziehen, um das dort gelagerte Geld zu holen.

Erzengel Raphael erscheint als Wanderer, um Tobias seine Begleitung für diesen Weg anzubieten. So machen sich Tobias, Erzengel Raphael und Tobias' Hund auf den Weg in die weit entfernte Stadt. In der ersten Nacht, als Tobias sich am Fluss waschen will, wird er von einem Fisch angegriffen. Raphael weist ihn an, den Fisch zu fangen, ihm Galle, Herz und Leber zu entnehmen und sie aufzubewahren.
Raphael erzählt Tobias, dass Sarah, die er in der Stadt kennenlernen würde, die für ihn bestimmte Braut sei. Tobias protestiert, weil die vorigen Ehemänner Sarahs in der Hochzeitsnacht durch einen Dämon gestorben sind. Raphael beruhigt Tobias, verspricht ihm, den Dämon auszutreiben, und gibt Tobias genaue Anweisungen.
Tobias heiratet Sarah und betritt, wie Raphael ihm geheißen hat, das Hochzeitsgemach mit Herz und Leber des Fisches und legt sie auf die Glut der Asche. Der Geruch verbreitet sich, der Dämon flüchtet und wird von Raphael in Ketten gelegt.
Die Eltern von Sarah sind glücklich, dass Tobias den Fluch überlebt hat und vermachen dem Paar die Hälfte ihres Besitzes.

Raphael zieht während der zweiwöchigen Feierlichkeiten los,
um das Geld für Tobit zu holen. Danach machen sich die Frisch-
verheirateten auf den Weg, um zu Tobit zu gelangen.
Raphael leitet Tobias an, die Fischgalle auf die Augen seines
Vaters zu legen, und tatsächlich erlangt dieser das Augenlicht
wieder. Voller Dankbarkeit bietet Tobias Raphael die Hälfte sei-
nes Besitzes an. Dieser lehnt ab und verkündet Tobias und des-
sen Vater:
„Gott hat mich geschickt, dich und deine Schwiegertochter Sa-
rah zu heilen. Ich bin Raphael, einer der sieben Erzengel. Segnet
Gott. Sendet ihm euren Lobgesang."

Die Moral von der Geschichte:
„Tue niemals eine Reise
ohne die Begleitung von Raphael!"

Erzengel Raphael gilt als Schutzengel der Reisenden, Pilger,
Seeleute, Auswanderer, Bergleute, Dachdecker, Apotheker,
Ärzte und der Wissenschaft. Sein Name bedeutet so viel wie
„Gott heilt (die Seele)" oder „Heilen mit Gottes Hilfe". Im
Urchristentum wurde Raphael stets in Verbindung mit den
Erzengeln Michael, Gabriel und Uriel gesehen. Seine Farbe
ist das Violett, jedoch wird ihm auch Grün und tiefes Blau
zugewiesen. Raphael regiert über die ätherische Vitalität und
den Elektromagnetismus. Er ist der freundlichste, sonnigste
und lustigste in der Engelschar. Er führt uns ein in die Kunst
des Lebens.
Erzengel Raphael wird dem Herzchakra und dem Stirnchakra
zugeordnet.

Das Herz öffnen,
der inneren Stimme folgen,
vertrauen, dass man gut geführt wird.

Herz-Chakra

So rufen oder bitten wir Raphael in unser Leben:

Gebet:
Erzengel Raphael,
ich bitte dich: Wirke in meinem Leben, jetzt.
(Warten Sie bitte einen Moment, und schauen Sie, ob sich in
Ihrem Energiefeld etwas verändert. Manchmal wird es warm,
man fühlt sich geborgen, spürt einen leichten Druck auf dem
dritten Auge, eine Wärme an der Schulter oder an der Hand ...
Dies können Zeichen dafür sein, dass Erzengel Raphael jetzt an
Ihrer Seite ist.)
Führe mich auf dieser Reise. Öffne meine Sinne und mein inne-
res Auge für den wahren Blick. Führe und behüte mich. Lasse
mich all die Zeichen erkennen, die mir gesandt werden.
Ich danke aus der Tiefe meines Herzens.

Übung und Ausrichtung:

Legen Sie eine Hand auf Ihre Stirn und warten Sie, bis Sie das Pulsieren in der Handfläche gut spüren. Sagen Sie: „Gott in mir sieht allein."

Legen Sie die andere Hand auf Ihr Herz und warten Sie, bis Sie das Pulsieren der Handfläche spüren.

Sagen Sie: „Ich vertraue auf die Eingebungen und Impulse."

Legen Sie beide Hände in Nierenhöhe auf den Rücken, warten Sie, bis die Handflächen anfangen zu pulsieren: „Die Tore zum Leben öffnen sich mir, ich werde göttlich geführt."

Aus der Episode aus dem Buch Tobit können wir einiges lernen.

Wenn wir die Engel bitten, uns auf unserer Reise zu begleiten, so sollten wir ihre Anweisungen befolgen, auch wenn sie für uns absurd klingen mögen, denn wir wissen nicht, wofür manche Dinge gut sind. Die Anweisungen und Eingebungen haben ihren Sinn. Wenn sie von den Engeln kommen, sind sie liebevoll, klar, und wir fühlen im Herzen, dass es gut ist, diesem Impuls zu folgen.

Engel können viel weiter schauen als wir. Sie kennen ihren Auftrag und unseren Lebensplan. Wir sollten ihnen vertrauen. Eine Reise kann weit über das hinausgehen, was wir von ihr erwarten. Sie kann unser Leben für immer lichtvoll verwandeln, wenn wir uns den Engeln öffnen.

Schutzkräfte für die Reise

Der Herr, vor dem ich meinen Weg gegangen bin,
wird dir seinen Engel mitschicken
und deine Reise gelingen lassen.
1.Mose, 24, 40*

Auf dem Gemälde des Florentiner Malers Francesco di Gio-
vanni Botticini (1446–1497) „Die drei Erzengel und Tobias"
(entstanden 1490) sehen wir Tobias von den drei Erzengeln
Michael, Raphael und Gabriel umgeben.
Das Wunderbare an diesem Bild ist die Natürlichkeit, mit der
die Engel Tobias gegenüber zu agieren scheinen. Tobias, der
von Raphael an der Hand gehalten wird, fühlt sich inmitten
der Erzengel offensichtlich sehr wohl.
Genauso wie auf diesem Bild können auch Sie sich fühlen,
wenn Sie mit Engeln reisen. Sie können sich mit ihnen un-
terhalten und umgeben und auf diese Weise erfahren, dass
die Engel immer mit Ihnen sind.

Der Sinn des Reisens besteht darin,
die Vorstellungen mit der Wirklichkeit auszugleichen
und, anstatt zu denken, wie die Dinge sein könnten,
sie so zu sehen, wie sie sind.
Samuel Johnson

---

* Alle Bibel-Zitate entnommen aus der Einheitsübersetzung der Hl. Schrift,
© 1980, Katholische Bibelanstalt GmbH, Stuttgart, mit freundlicher Geneh-
migung.

Unser Schutzengel

„Was wir über Schutzengel hören, ist bewiesen.
Jeder Mensch wird von seiner Geburt bis zu seinem Tod
von Geistwesen begleitet.
Jeder Mensch hat solche Begleiter,
ob er daran glaubt oder nicht,
ob er einer Religion oder Glaubensgemeinschaft angehört
oder nicht, spielt überhaupt keine Rolle.
Denn jene Liebe ist bedingungslos,
weshalb jeder Mensch dieses Geschenk eines Begleiters erhält.
Kinder spielen oft mit ihren geistigen Begleitern,
doch meistens haben wir ganz vergessen,
dass er überhaupt existiert.
Doch jemand, der Sie unsagbar liebt,
ist immer an Ihrer Seite und wartet auf Sie."
ELISABETH KÜBLER-ROSS

Wir alle sind von geistigen Kräften umgeben und beschützt und können diese jederzeit anrufen. Jeder von uns kann sich jederzeit an diese geistigen Kräfte wenden. Wir werden ihr Wirken vielleicht nicht augenblicklich spüren, da wir in manchen Situationen von einer dunklen Hülle aus Kontrolle, Sorgen, Angst und anderen dunklen Gefühlen umgeben sind, die von den lichten Kräften erst einmal durchdrungen werden muss.

Jedes Gebet, jede Übung und jede Anrufung, die aus der Tiefe des Herzens ausgeführt wird, entfaltet eine positive Wirkung und wird sich augenblicklich oder in den Tagen danach bemerkbar machen. Wir können unsere Schutzkräfte jederzeit bitten, uns deutliche Zeichen im Alltag zu senden. Wir werden diese Zeichen erhalten.

Der Schutzengel ist uns am nächsten. Ich nehme ihn direkt im Energiefeld wahr, oft als kristallin-weiße Lichtgestalt. Im weißen Licht sind alle Farben enthalten, und so kann uns der Schutzengel jede Strahlenkraft und damit die entsprechenden Engel senden. Er ist derjenige, der unser gesamtes Engelteam aktiviert, wenn wir um Rat und Hilfe bitten.

Der Kontakt zum Schutzengel ist eine Quelle der Zuversicht und Kraft, aus der wir zu allen Zeiten schöpfen können. Wann immer Sie das Gefühl haben, Trost, Schutz, Führung oder Liebe zu benötigen, können Sie folgende kleine Meditation anwenden:

Kleine Schutzengel-Meditation

„Man stellt den Kontakt zum Schutzengel her,
indem man an ihn denkt."
QUELLE UNBEKANNT

Machen Sie es sich dort, wo Sie sich gerade befinden, bequem, und schließen Sie die Augen. Atmen Sie in Ihren Bauch hinein, und folgen Sie in Gedanken Ihrem Atem. Es ist nicht wichtig, „perfekt" oder sehr tief zu atmen, denn es geht einfach nur darum, sich selbst mehr Raum und Energie zu geben, um sich besser wahrnehmen zu können.

Erlauben Sie sich, mit jedem Atemzug, innerlich freier, weiter und leichter zu werden. Lassen Sie zu, dass Ihre Schutzhüllen fallen und sich Ihr Herz öffnet, wie eine Blume, die sich dem Sonnenlicht öffnet. Spüren Sie, wie gut dies tut? Atmen Sie tief in Ihr Sein!

Lassen Sie alle Vorstellungen darüber, wie eine Situation zu sein hat, wie Sie oder andere zu sein haben oder wie Sie empfinden oder fühlen sollten, los. Seien Sie einfach nur Sie selbst. Fühlen Sie, wie Sie immer ruhiger und entspannter werden.

Stellen Sie sich nun vor, wie kristallines, weiß-goldenes Licht von oben herabfließt und Sie durchdringt und umhüllt. Wenn Sie ganz eingehüllt sind in dieses Licht, bemerken Sie eine Tür, die plötzlich vor Ihnen erscheint.

Hinter dieser Tür erwartet Sie Ihr Schutzengel!

Er strahlt in einem überirdischen Glanz und kommt langsam auf Sie zu. Vielleicht nennt er Ihnen seinen Namen.

Ihr Schutzengel freut sich immer, wenn Sie sich Zeit nehmen, um mit ihm zusammen zu sein. Er ist Ihr engster Vertrauter, Ihr liebster Freund, der Sie so liebt, wie Sie sind.

Er setzt sich zu Ihnen und sendet Ihnen ein sprühendes, leuchtendes Licht in der Farbe, die Sie gerade brauchen, und lädt auf diese Weise Ihr gesamtes Energiefeld auf. Während Sie in seiner Energie „baden", können Sie ihm mitteilen, was Sie gerade beschäftigt oder bewegt. Ganz gewiss wird er Ihnen eine Antwort senden – lauschen Sie seiner Botschaft.

Genießen Sie die Ruhe, Stille, Liebe und Kraft in der Gegenwart Ihres Schutzengels, und bitten Sie ihn um Führung. Diese Kraft ist immer für Sie da.

Wenn Sie etwas mit einer bestimmten Person zu klären haben, so können Sie das mithilfe Ihres Schutzengels an Ort und Stelle tun. Wenn eine bestimmte Herausforderung bevorsteht, so bitten Sie Ihren Schutzengel, dass er ein Sie umgebendes Feld, eine Art Schutzraum bereitet, der Sie liebevoll umfängt und trägt. Und wenn Sie eine Reise planen, können Sie Ihren Schutzengel bitten, Ihnen zu zeigen, was für diese Reise zu beachten ist.

Wenn Sie die Meditation beenden möchten, danken Sie ihm für seine Liebe und Hilfe, schauen Sie sich noch einmal an dem Ort um, um zu sehen, ob sich vielleicht etwas verändert hat.

Bedanken Sie sich, atmen Sie tief ein und aus, und kommen Sie ganz langsam wieder in Ihrem Körper an. Spüren Sie Ihre Füße und Ihren Scheitel, öffnen Sie die Augen, und recken und strecken Sie sich.

Wenn Sie möchten, können Sie für Ihren Schutzengel eine Kerze anzünden und die Botschaften und Zeichen in Ihr Tagebuch notieren, denn manchmal offenbaren sie sich in ihrer wahren Bedeutung erst später.

„Ich hielt das nicht einmal für möglich:
Ich war ja gar nicht sicher, ob es Engel überhaupt gab!
Durch die Botschaften, die ich jetzt empfange,
habe ich allerdings erkannt,
dass die Engel wirklich existieren,
da sie Dinge sagen, die nur von ihnen kommen können!"
PHILIPPUS NERI

Beauftragen Sie Ihren Schutzengel in schwierigen Situationen

„Man kann die Anwesenheit seines eigenen Schutzengels spüren."

Wenn Sie sich in einer problematischen Lage befinden oder eine schwierige Begegnung vor sich haben, so senden Sie Ihren Schutzengel voraus, damit er das Terrain für Sie vorbereitet. Geben Sie sich ganz in seine Hände und bitten Sie ihn, die Angelegenheit in Ordnung zu bringen! Es funktioniert! Ich kann nur empfehlen, es selbst auszuprobieren!

Eine weitere kleine Schutzengelübung

„Schutzengel sind wie Sterne –
in der dunkelsten Nacht leuchten sie uns den Weg
und senden Licht, Trost und Hoffnung."

Sie können Ihren Schutzengel malen oder ein Bildnis bei sich tragen, das am ehesten der Vorstellung entspricht, die

Sie von ihm haben. Vor dem Zubettgehen können Sie sich einige Minuten lang der Betrachtung des himmlischen Helfers hingeben. Sie können einen inneren Dialog mit ihm führen. Sie werden mit der Zeit feststellen, dass dadurch die Führung stärker und deutlicher wird.

„Wenn immer sie ausging, war sie begleitet von einem weißen Schmetterling, er umflatterte sie und spielte mit ihr. Sie wusste, dass es ihr Engel war. Er zeigte ihr die Richtung. Sie hatte wiederholt gesehen, wie er die Gestalt eines Engels annahm."
TERESA PALMINOTA

Das Engelteam

Das gesamte Engelteam

Denn er befiehlt seinen Engeln,
dich zu behüten auf all deinen Wegen.
PSALM 91,11

Wir haben nicht nur einen Schutzengel, sondern ein regelrechtes Team von verschiedenen Engeln, das uns umgibt. Der Schutzengel hat allerdings eine herausragende Stellung, da er uns nicht nur in diesem Leben permanent zur Seite steht, sondern uns auch immer wieder in die geistigen, transzendentalen, jenseitigen Bereiche zurückführt.

Während wir unseren Schutzengel im Energiefeld wahrnehmen können, sind die übrigen Engel dort nicht permanent gegenwärtig, können jedoch augenblicklich abgerufen werden. Sie achten unseren freien Willen. Wenn wir sie einladen, sind sie zur Stelle, um uns zu führen, zu leiten, um Bewusstsein zu schaffen und uns auf- und auszurichten.

Übung: Regenbogen des Lichtes –
Kontakt mit den Engeln in unserem Team

Wenn Sie herausfinden wollen, welcher Engel aus Ihrem Team mit Ihnen in Kontakt treten möchte, gehen Sie wie folgt vor:

Kommen Sie zur Ruhe. Atmen Sie tief ein und aus, und stellen Sie sich vor, dass Sie Licht ein- und Anspannung ausatmen. Konzentrieren Sie sich auf Ihre Frage, Ihr Anliegen, Ihre Reise oder einfach auf die momentane Situation. Stellen Sie sich nun den Regenbogen in seinen leuchtendsten und funkelndsten Farben vor. Die Farben, die Sie jetzt brauchen, lösen sich aus dem Regenbogen und hüllen Sie ganz und gar ein. Beobachten Sie das Fließen und Strömen der Farben, und lassen Sie sich so lange davon ein- und umhüllen, bis Sie das Gefühl haben, völlig von ihnen ausgefüllt zu sein. Bitten Sie die Engel um eine Botschaft.

Kommen Sie langsam wieder zurück in den Raum. Nun können Sie im Anhang des Buches nachschauen, was die Farben, die Sie gesehen haben, bedeuten.

Hier folgt nun eine kleine Aufstellung von Zeichen*, mit denen sich die Engel Ihres Teams möglicherweise bemerkbar machen: Das erste und deutlichste Zeichen erfolgt in Form der Farbe(n), die sich aus dem Regenbogen lösen.

Mit der Zeit werden Sie die jeweiligen Zeichen immer besser

* Die Angaben des Engelteams sind Erfahrungswerte. Sie können sich jedoch individuell ganz anders darstellen. Sie erheben keinen Allgemeingültigkeitsanspruch.

empfangen, genauer fühlen und deuten können. Sie beziehen sich auf die jeweils aktuelle Situation.

Auch durch Düfte, Pflanzen oder Tiere können sich die Mitglieder des Engelteams zeigen. Wenn ich zum Beispiel unterwegs auf Plakatwänden oder LKW-Reklamen bestimmte Tiere sehe, weiß ich, welcher meiner Engel jetzt gerade wirkt.

Wenn Sie mit Ihrem Engelteam über die jeweiligen Farben meditieren, werden Sie deutlich Ihre eigenen Zeichen und Symbole erhalten.

Gold – Meister – Bewusstsein: Segensstrom, Vision, Schau, Klarwissen, plötzliches inneres Wissen, starke Führung von innen ... Jeder von uns kann in Kontakt mit Meistern und Geistführer treten. Die Verbindung kann sich durch einen Druck am Kopf, der sich wie ein Stirnband anfühlt, bemerkbar machen. Weitere Zeichen können sein: eine Berührung am dritten Auge, ein Kribbeln am Scheitel, das Gefühl einer Aureole um den Kopf, deutliche Ausdehnung des Lichtes, das Gefühl, plötzlich zu wachsen, Ausdehnung in einen unendlichen Raum, reines Sein, Glückseligkeit.

Kristallines Weiß – Höheres Selbst – Seelenplan: Freiheit, Erhöhung, Erweiterung, ursprüngliche Reinheit, Charisma, Ausstrahlung und Ausdehnung, Verbindung mit dem Seelenplan, Entwicklung, Erkenntnis, Verbindung mit den geistigen Kräften. Das Höhere Selbst zeigt sich durch sanfte, fast unmerkliche Geräusche, ähnlich fallendem Schnee; es strömt von oben in uns ein, oder wir werden wie mit einem Aufzug nach oben gezogen; Vision einer Lichtsäule, Gefühle von Stille, Frieden, Verbundenheit.

Violett – Hüter des Karmas – Erlösung: Etwas möchte sich zeigen, wandeln, transformiert werden; eine alte Sache meldet sich, die jetzt Heilung finden kann. Schauen Sie genau hin, und es wird sich wandeln. Der Hüter des Karmas zeigt Ihnen Grenzen, Möglichkeiten, die Folgen des eigenen Handelns und wie Sie es lösen können. Er kann sich zeigen durch ein Kribbeln oder ein Gefühl von Wärme am Hinterkopf, Schauer über den Rücken, plötzliche Gänsehaut und das Gefühl, als ob jemand in einem Buch blättert, das Buch auf- und wieder zuschlägt ... Sicherstes Zeichen ist ein plötzliches inneres Wissen, eine plötzliche Gewissheit.

Dunkelblau, Hellblau bis Weiß – Schutzengel – Wachsamkeit: Wir können die Anwesenheit unseres Schutzengels beispielsweise durch das Gefühl, als ob sich ein Mantel um uns legte, wahrnehmen oder durch eine Lichtrüstung, die um uns strahlt, Flügel, die sich um uns schließen; weitere Zeichen sind: Wärme im Rücken- oder im Herzbereich, leichter warmer Druck auf den Schultern, das Gefühl, als ob jemand hinter uns stünde, uns hochheben oder wegziehen würde, Wärme, Stärke, Aufblitzen eines Schwertes, das uns beschützt, oder kurze knappe Befehle.

Hellblau – Indigo – Die Kleine, Engel der Kommunikation, Geburtsfee, Elfchen – Verbindung: Eine neue Erfahrung steht bevor, neue Verbindungen werden geknüpft, neue Erfahrungen erreichen ihr Energiefeld, neue Kontakte bahnen sich an, wichtige Botschaften wollen gehört werden. Seien Sie wachsam und lauschen Sie. Die Kleine bestätigt wichtige Botschaften durch Niesen, ein Kribbeln oder Jucken an der Nasenspitze, Jucken oder Zupfen am Ohrläppchen, das Gefühl der Freude oder des inneren Jubels, das Geräusch von kleinen hellen Glöckchen, die Ihnen sagen: Pass auf, dort geht es lang!

Türkis – Engel der Wahrheit, Kristallengel – Heilender Ausdruck: Die Wahrheit aus dem Herzen aussprechen, Innen und Außen auf gesunde und liebevolle Weise miteinander verbinden. Der Engel der Wahrheit zeigt sich durch Signale im Hals, wie Räuspern oder Schlucken und plötzliches starkes Herzklopfen; wenn der Engel der Wahrheit sich meldet, bedeutet dies: Ja, das ist es, oder: Sprich, du kennst die Wahrheit und den heilsamen Weg; wir können ihn durch unser Seelenlied oder unseren eigenen Ton aktivieren. Der Kristall beginnt in uns zu schwingen, wenn wir einen Ton summen. Dies hilft uns bei der Ausrichtung.

Grün – Heiler/Heilerin, innerer Arzt – Achtsamkeit: Unser Heilengel ist bei allen Genesungsprozessen zugegen; wir können uns also immer an ihn wenden, wenn wir in irgendeiner Weise Heilung benötigen. Er zeigt sich oft durch ein Piksen am Körper, wie wenn man eine Spritze bekommt, meist am Fuß, oder durch einen plötzlich auftretenden bitteren Geschmack, plötzlich warme oder heiße kribbelnde Hände, die bereit sind, Heilenergie zu übertragen. Achten Sie auf Ihre Gesundheit, innere Balance, Ernährung, Erholung ... Jeder Schmerz, jede Krankheit trägt eine Botschaft in sich!

Rosa – Heilschwester, Engel der liebenden Fürsorge – Vertrauen: Dieser Engel sendet Hoffnung, Trost und Liebe. Er zeigt sich durch Wärme im Herzen und das Gefühl, als ob man dort eingecremt oder gesalbt würde. Er streichelt einem sanft über die Wange oder den Kopf, ein zarter Duft weht an einem vorbei. Er sendet uns Segenslicht und öffnet unser Herz für neue Erfahrungen der Liebe. Wenn er erscheint, bedeutet das Hoffnung, Liebe, neue kreative Wege.

Gelb – innerer Lehrer – Flexibilität, neue Impulse: Der innere Lehrer wandert an unserer Seite, gibt uns Rat, Anweisungen, Lektionen, Hausaufgaben, Prüfungen und Herausforderungen, damit wir wachsen können. Wenn unser Lehrer da ist, können wir ihn wahrnehmen über Berührung, Wärme an den Oberarmen, leichten Druck auf den Schultern, anerkennendes Schulterklopfen, Wärme im Solarplexus, plötzliche Eingebungen, Blitze, Erkenntnisse, neues Verständnis und manchmal durch Glockengeläute oder das Gefühl, als ob jemand mit einem Stab neben uns liefe und aufklopfte.

Orange – Hüterin des Feuers – Lebenslicht: Unser Lebenslicht kann wie die kleine Flamme einer Kerze oder auch wie ein Lagerfeuer sein, an dem sich viele treffen, wärmen und austauschen können, an dem Heilung geschieht. Hier können wir mit den Elementen in uns in Kontakt treten, unsere Schöpferkraft und unser kreatives Potenzial erfahren und ihm Ausdruck verleihen. Beziehungen und Sexualität, Empfängnis werden von hier aus gesteuert. Wir können die Hüterin wahrnehmen durch eine Flamme, ein Licht, Wärme, die sich ausdehnt und uns für neue Erfahrungen in der Beziehung öffnet.

Rot – Engel der Basis, Werkmeister, Alchemist, Chemiker – Neuordnung: Steuert all unsere Körpervorgänge, wie Blutkreislauf, Hormonproduktion, Verdauung, richtet uns neu aus und überwacht die chemischen Vorgänge in unserem Körper. Wir können ihn wahrnehmen durch Hitze und Kälte in unserem Körper, Energieimpulse, Gluckern und Glucksen im Bauch oder Körper, Summen oder leichte Vibrationen.

Die Mitglieder unseres Engelteams können sich abwechseln, je nach Bewusstsein und Aufgabe. Wenn es nötig ist, können uns noch viele andere Engel aus unterschiedlichen Ebenen begleiten und anleiten, je nach unserem Ziel und unserer Ausrichtung. Wir haben Geistführer, lichtvolle Ahnen, Krafttiere, Pflanzenhelfer, Naturwesen und viele mehr, die uns anleiten. Wenn wir uns eigenverantwortlich auf den Weg machen, erfahren wir viel Unterstützung auf der geistigen Ebene.

Wenn Sie wissen wollen, welcher Engel Sie auf der bevorstehenden Reise begleiten wird, konzentrieren Sie sich auf diese, stellen sich das Regenbogenlicht vor und schauen, welche Farben sich lösen.
Sie können sich ausrichten, indem Sie sich vorstellen, wie all diese Lichter in einer kristallin-weißen Lichtsäule strahlen und leuchten. Diese wunderbare Lichtsäule ist von goldenen Lichtfunken durchdrungen.
Sagen Sie nun drei Mal: „Feuer, Flamme, Licht, Liebe, Klarheit, Einigkeit, Harmonie und Schönheit in mir und um mich herum."
Wenn Sie diese Übung täglich ausführen, werden Sie merken, wie Sie aufrichtig, klar und eigenverantwortlich aus Ihrer eigenen Anbindung heraus wirken können.

„Nach all meinen Erfahrungen,
die nun schon viele Jahre andauern,
kann ich sagen,
dass Engel uns sehen, hören, miteinander reden
und dass ihnen nichts fehlt,
was zum Menschen gehört, außer
dass sie nicht mit einem materiellen Leib
überkleidet sind.
An ihrem Licht, welches das hellste Tageslicht in der Welt um
viele Grade übertrifft,
und dem innigen Gefühl der Liebe
kann man sie sehr gut erkennen."

EMANUEL SWEDENBORG

Heilige als Reisebegleiter

Jedes Land, jede Region, ja sogar jede Insel hat eigene Heilige, Patrone und Schutzwesen. Wenn wir ein wenig aufmerksam sind, werden wir die Tempel, Schreine und Steinhügel entdecken, die ihnen zu Ehren errichtet wurden. Besonders an diesen Orten können wir uns an die Schutzheiligen wenden, wenn wir auf unserer Reise in Schwierigkeiten geraten oder Rat brauchen. Sie werden uns antworten!

Es gibt verschiedene bekannte Schutzheilige und Schutzkräfte für die Reise. In diesem Büchlein möchte ich zwei bekannte Heilige ausführlicher beschreiben.
Die „Jungfrau der guten Reise" kann gebeten werden, eine Reise zu segnen.

Heilige Jungfrau,
unsere Mutter, wir rufen zu Dir,
„Muttergottes der guten Reise."
Wir vertrauen uns Dir an, wenn wir uns auf den Weg begeben.
Du hast während Deines Erdenlebens die Beschwerden langer Reisen durchlebt.
Du warst gut aufgehoben, durch Deinen Glauben und Deine Liebe.
Beschützt von den Engeln.
Gib, dass wir Deinem leuchtenden Beispiel folgen können,
damit unsere Reise sich vollendet in Liebe,
Ausgeglichenheit und Frieden.
Damit sie sicher und ruhig verläuft.
Bewahre uns vor Gefahren an Leib und Seele.
Nimm uns an Deine Hand, wie eine Mutter,

die über ihr Kind wacht.
Führe unsere Schritte auf dem Weg des Friedens.
Segne unsere Reise.
Danke, Muttergottes der guten Reise!

QUELLE UNBEKANNT

Muttergottes, Kloster Engelberg

Gebet an die Muttergottes, in dem wir darum bitten, dass wir immer gut auf einer Reise begleitet werden:

Oh Maria,
Mutter des Himmels,
wir sind Zigeuner.
Wir können nicht
mit Worten beten,
sondern nur mit dem Herzen.
Wir sind wie Vögel, die in das Blau des Himmels fliegen.
Unser Dach ist der Himmel, unsere Ruhestätte die Erde.
Wir bringen Dir, Königin des Himmels, alles dar,
lass uns im Frieden sein auf unserer irdischen Reise,
und gib, dass wir einmal ein Eckchen im Paradies finden!

QUELLE UNBEKANNT

Es kann aber auch sein, dass Sie einen ganz persönlichen Schutzpatron für Ihre Reise haben. Es gibt unzählige Patrone für bestimmte Orte oder Länder, wie beispielsweise Johanna von Orleans oder Martin von Tours für Frankreich,

Lady Avalon für Glastenbury in England oder auch Sarasvati, Lakshmi, Ganesha für Indien. Wenn Sie sich dafür interessieren, können Sie die entsprechenden Informationen im Reiseführer oder über das Internet erhalten.

Ansonsten öffnen Sie sich einfach während der Reise für die Schutzpatrone der jeweiligen Region, oder bitten Sie darum, dass der oder die Schutzheilige für die Reise sich Ihnen offenbart. Wenn Sie einen Ruf aussenden, werden Sie sicher nicht im Stich gelassen!

Andere Länder andere Sitten. Als Schutzkräfte können auch gelten: ein Regenbogen, schwarzer Panther, bestimmte Symbole, ein Schirm, ein Kraftfeld, eine Geste ... Hier gibt es eine Unzahl von Möglichkeiten. Wichtig ist, dass es sich für Sie gut und richtig anfühlt und dass die Schutzkraft in Ihrer Seele auf Widerhall trifft.

Kleine Übung:

Wir können die Augen schließen und uns in Meditation begeben. Bitten Sie Ihren Engel jetzt, sich deutlich zu zeigen. Er hat einen goldenen Umschlag bei sich. In Ihrer Vorstellung öffnen Sie den Umschlag. Auf einem Blatt ist ein Bild, ein Symbol oder Ähnliches, das Sie auf der Reise begleiten und schützen wird. Vielleicht ist es ein Heiliger, ein Meister, eine Göttin, eine Farbe, ein Tier, ein Stein ... Schreiben Sie es auf, basteln Sie sich einen Talisman, der Sie an den geistigen Reisebegleiter für die bevorstehende Reise erinnert. Wenn Sie ein geeignetes Kartenset haben, können Sie auch eine Karte für die Reise ziehen.

Die wohl bekanntesten Schutzpatrone für Reisende sind der heilige Christophorus und der heilige Jakob.

Der heilige Christophorus

Heiliger Christophorus,
du hast das Christuskind sicher durch die gefährlichen Fluten
getragen.
Begleite uns auf unserer Reise. Geleite uns sicher durch alle

Gefahren des Straßenverkehrs und
durch unwegsame Situationen auf
unserer Reise. Gib, dass wir durch un-
ser Verhalten im Verkehr niemanden
gefährden oder verletzen. Gib uns
Schutz an den Übergängen des Le-
bens. Schütze und begleite uns.
Danke.

Der heilige Christophorus wird als hünenhafter, einen Wanderstab tragender Mann dargestellt, der auf seinen Schultern das Jesuskind trägt. Die Legende, dass er den kleinen Jesus durch ein reißendes Gewässer ans rettende Ufer gebracht hat, machte ihn zum Schutzpatron aller Menschen, die „auf dem Weg" sind oder an „Übergängen" in ihrem Leben stehen. Er schenkt uns das Vertrauen darauf, dass wir mit seiner Hilfe alle Hindernisse und Unwägbarkeiten meistern werden und dass Gott uns auf unserer Reise schützen und uns eine sicheres Ankommen gewähren wird.
Er ist der Patron der Reisenden, des Verkehrs, der Furten, Bergstraßen und Festungen, der Fuhrleute, Schiffer, Flößer, Fährleute, Brückenbauer, Seeleute, Pilger, Reisenden, Kraftfahrer, Chauffeure, Luftschiffer, Lastenträger, Bergleute,

Zimmerleute, Hutmacher, Färber, Buchbinder, Schatzgräber, Obsthändler, Gärtner, Athleten; Kinder. Er hilft gegen Pest, Seuchen, unerwarteten Tod, Feuer- und Wassergefahren, Dürre, Unwetter, Hagel, Augenleiden, Zahnweh, Wunden. Er kann auf Reisen angerufen und um Hilfe und Schutz gebeten werden.

„Möge der heilige Christophorus
dich in Zeiten der Übergänge
auf seiner Schulter tragen!"

Der heilige Jakob

„Sankt Jakobus,
richte mich auf mit dem Stab der Kraft.
Lenke meine Schritte in die richtige Richtung.
Leite und führe mich auf meinem Lebensweg.
Führe mich zur Quelle, speise und erlöse mich.
Lass mich zur rechten Zeit am rechten Ort sein und das Richtige tun.
Gottes Licht durch mich – so soll es sein."

Auf die Frage, wo der Jakobsweg beginne, erhält man die Antwort:
„Der Weg beginnt in Ihrem Haus!"

Jakobus gehörte – zusammen mit seinem Bruder Johannes neben Andreas und Simon – zu den erstberufenen der zwölf Apostel Jesu. Er wurde 44 n. Chr. mit dem Schwert hingerichtet. Der Überlieferung nach hielt sich Jakobus während seiner Missionsreisen auch auf der Iberischen Halbinsel auf, um dort zu predigen. Besonders in Spanien ranken sich daher um ihn zahlreiche Legenden. Santiago de Compostela, der Zielpunkt der Jakobswege, entwickelte sich zu einem der wichtigsten Pilgerorte der Welt. Der Hl. Jakobus selbst wurde mit der Zeit zum regelrechten Nationalheiligen und daher im achten Jahrhundert offiziell zum Patron Spaniens erklärt.

Dargestellt wird er zumeist als Pilger mit der typischen Jakobsmuschel (die ihm als Trinkgefäß diente und deren Abbild noch heute als Erkennungszeichen für Pilger auf dem Jakobsweg fungiert), Stock, Hut und Mantel. Erscheint er hingegen als galoppierender Ritter auf einem weißen Schimmel mit dem Schwert kämpfend, kündigt dies den Sieg an, für den er kämpft.

Er kann angerufen werden, wenn man sich verirrt hat, nicht mehr weiterweiß und in eine Sackgasse geraten ist oder die Antwort auf eine grundsätzliche Frage im Leben sucht.

Wenn Sie im Alltag oder auf einer Reise in Schwierigkeiten sind, besinnen Sie sich auf den heiligen Jakob, und werden Sie zum Pilger. Lassen Sie Ihre Vorstellungen, wie etwas sein müsste, los. Verlangsamen Sie Ihr Tempo, atmen Sie tief ein und aus, und setzen Sie ganz bewusst einen Schritt vor den anderen. Schweigen Sie, und lauschen Sie nach innen.

Konzentrieren Sie sich immer nur auf den Schritt, den Sie gerade tun, und auf den gegenwärtigen Moment. „Dein Wille durch mich, so soll es sein." Auf diese Weise finden Sie zurück auf den guten Weg und entdecken Antworten auf die tiefsten, grundsätzlichsten Fragen in Ihrem Inneren.

Das eigentliche Ziel des Pilgerns ist es, Abstand zum Alltag zu gewinnen und ganz im gegenwärtigen Moment zu sein, die Schönheit um sich herum bewusst wahrzunehmen und

somit die eigene Energie zu erhöhen. Durch diese neue Ausrichtung öffnen wir uns wieder dem grenzenlosen Ganzen,
das uns völlig neue Wege offenbaren kann.

Wenn wir auf dem Weg sind und dabei auf unsere innere
Stimme hören, werden wir uns bewusst, dass wir auf der
Erde keine „bleibende Stätte" haben. Die Vergangenheit
liegt hinter uns, die Zukunft ist noch nicht da. Im Augen-
blick und in der Öffnung für den Moment liegen Kraft und
Schönheit.

Möge der heilige Jakob an Ihrer Seite wandern.

„Engel zeigen sich gerne in Mönchsgestalt. Mönche, die ein
ehrenhaftes Leben im Angesicht einer höheren Kraft lebten,
wurden schließlich gleichsam Engel. So erschien ein Mönch und
segnete meine Reise. Ich wusste, dass ich von höheren Mächten
wunderbar geführt wurde."

QUELLE UNBEKANNT

Die Engel der Natur

Wer an die Feen und Engel der Natur glaubt, dem wird wunder-
volle Hilfe in allen Belangen der Natur zuteil. Verborgene und
zauberhafte Wege öffnen sich, und wundersame Erfahrungen
bereichern unseren Weg. Dinge fügen sich, und wir erleben,
dass es mehr gibt zwischen Himmel und Erde, als wir denken.
Der Segen ist mit uns.

Zu den Engeln der Natur zähle ich Devas (indische Halbgötter
oder Gottheiten), Feen, Elfen und Gnome, die sich uns auf
verschiedene Weise offenbaren können. Die Natur ist beseelt.
Jeder Platz hat seine ureigenen Geister, Torwächter, Hüter,
seinen eigenen „Spirit". Es ist sehr empfehlenswert, sich für
diese Geister zu öffnen und ihnen achtungsvoll zu begegnen,
weil sich einem auf diese Weise oft ganz neue Räume öffnen
und nie gedachte Gelegenheiten bieten können.

„Naturgeister"

Gerade in Ländern, in denen die Menschen einer wilden un-
bezähmbaren Natur gegenüberstehen, gibt es Schreine und
Tempel für die Naturgottheiten und -wesen, die man, bevor
man eine Reise durch unwegsame Gebiete plant, durch Gaben, Räucherwerk und Gebete milde stimmt und deren Erlaubnis und Schutz man sich einholt. Dies mag zunächst wie
ein Aberglaube klingen; verbindet man sich jedoch mit der
geistigen Kraft, mit dem Spirit einer Landschaft, kann man
dadurch oft ungeahnte Hilfe und Fügungen erfahren.

Erspüre die Naturkräfte, wie den Wind, sein Wesen und seinen
Zweck, für dich wahrzunehmen und positiv mit diesen Wesen
in Harmonie zu treten. Es ist nicht so schwer, wie du es dir zu-
nächst vorstellst, denn die Wesen der Naturkräfte freuen sich,
eine freundliche Macht zu empfinden. Alle Kräfte müssen in-
nerlich gefühlt werden, sogar die Sonne, der Mond, das Meer,
die Bäume, ja selbst das Gras. Alles ist Teil meines Lebens. Alles
ist ein Leben.
DOROTHY MCLEAN

Ich habe sehr gute Erfahrungen damit gemacht, wenn ich
mich auf die Kräfte eines Ortes eingestimmt habe, ihnen
meine Achtung und meinen Respekt gezollt, ihnen etwas
Brot, Apfel, Räucherwerk oder einen Schluck aus meiner
Trinkflasche gegeben habe.
Auf diese Weise habe ich beispielsweise schon oft auf den
richtigen Pfad zurückgefunden, bin vor einer Steinlawine
gewarnt worden, oder wilde Stürmen verwandelten sich
plötzlich in sanfte Winde. Mir wurden Orte gezeigt, an denen ich mich bei einem Unwetter unterstellen konnte, oder

sichere, heimelige Schlafplätze, wenn ich mich mal wieder verlaufen hatte und es schon zu spät zum Weiterwandern war. Die Natur hilft uns, wenn wir ihr mit Achtung und Respekt gegenübertreten. Sie hat viele Ebenen. Wir sehen beispielsweise einen Baum – aber würden wir ihn mit anderen Augen sehen, könnten wir seine Seele, die Naturgeister und noch vieles mehr wahrnehmen ...

Nun haben Sie einen kleinen Einblick bekommen in die Kräfte, die uns umgeben, durchdringen und mit uns sind und mit denen wir uns verbinden können, wenn wir uns ihnen öffnen.

„Die Erde ist heilig."

Vor der Reise

Eine Reise beginnt mit dem Tag, an dem wir beschließen, diese tatsächlich anzutreten.

Über die Motive haben wir schon gesprochen. Nun geht es darum, ganz praktisch zu packen, sich zu informieren und sich auf die Reise vorzubereiten.

Im Anhang finden Sie Pack- und Checklisten, anhand deren Sie kontrollieren können, ob alles berücksichtigt wurde. Checklisten erleichtern die praktischen Denkarbeiten vor einer Reise ungemein.

Wenn ich mich auf die Reise begebe, dann spüre ich mit dem Tag, an dem ich buche, schon, wie die Reise in mir „klingt". In diesem Moment fangen auch die Informationen an zu fließen.

„Große Ereignisse werfen Ihre Schatten voraus."

Nachdem ich eine Hawaii-Reise gebucht hatte, träumte ich immer wieder, dass ich bereits dort wäre. Ich entdeckte Bücher und Berichte über Hawaii, und manche Ängste kamen in mir auf, die ich aber schon im Vorfeld leicht bearbeiten konnte. Ich empfand eine ungemeine Vorfreude, Leichtigkeit und Führung in der Phase der Vorbereitung auf diese Reise. Ich spürte, dass sie mir bereits ab dem Moment, in dem ich sie gebucht hatte, Kraft gab.

Bedenken, die ich hatte, konnten sich sehr schnell auflösen. Die Zeichen für diese Reise standen sehr günstig. Alles war im Einklang und verlief leicht und harmonisch. Die Reise selbst und ihr Nachklang waren dann tatsächlich so schön wie die Vorfreude, und bis heute spüre ich, dass sie in mir auf gute Weise etwas verändert hat.

Als ich eine Reise nach Bali buchte, empfand ich hingegen schon im Vorfeld viel Unruhe. Die Zeichen für diese Reise standen tatsächlich ungünstig.

Die Dinge liefen nicht so, wie sie sein sollten: Ich konnte meinen Reisepass nicht finden, in den Nachrichten kamen ungute Meldungen über Bali, eine Freundin erzählte mir, wie sie sich auf einer Balireise verletzt hatte. Die Reise kostete mich im Vorfeld schon viel Kraft; ich empfand wenig Freude, dafür große Unruhe und Unzufriedenheit, sodass ich sie schließlich absagte und schaute, was stattdessen anstand.

Ich hatte die Reise übrigens aufgrund einer Empfehlung spontan gebucht und nicht, weil ich selbst schon lange den Wunsch verspürt hatte, einmal dort zu sein.

Diese zwei Beispiele habe ich ausgewählt, um aufzuzeigen, dass eine Reise ab dem Moment der Buchung ihre Schatten vorauswirft. Dies gilt auch für andere Reisearten, wie Geschäfts- oder Pilgerreisen ... Wenn wir aufmerksam sind, erkennen wir die Zeichen – auch als das, was sie sind. Daher ist es wichtig, dass unser Herz offen ist und wir die Tage vor der Reise immer mal wieder für uns reflektieren. Verbringen Sie jeden Tag ein wenig Zeit mit sich allein!

Achten Sie ab dem Moment, in dem Sie in Erwägung ziehen, eine Reise zu unternehmen, auf Ereignisse, Hinweise, Träume und emotionale Zustände. Bitten Sie Ihre Engel und Ihre geistige Führung, Ihnen deutliche Signale und Zeichen zu senden. Bedenken Sie, dass Sie schon im Vorfeld die Möglichkeit der Kurskorrektur und Umgestaltung haben.

Eine wichtige Voraussetzung dafür, dass man die Zeichen erkennt, ist, wie gesagt, ein Herz, das nach allen Seiten hin offen ist. Wenn es verschlossen ist, können wir die Dinge nicht wirklich erfassen. Daher – und vor allem, weil Engel über die Herzensebene wirken – möchte ich nun etwas über die Herzöffnung sagen.

Die Herzöffnung

„Es gibt eine schöne Offenheit,
die sich öffnet wie eine Blume:
Nur, um zu duften."
FRIEDRICH SCHLEGEL

Herzöffnungsübung

Mit einem offenen Herzen und einem eindeutigen „Ja!" zu
der Reise können wir quasi einen Magnetismus erzeugen,
der für die kommende Zeit Positives und Schönes regelrecht
anziehen kann.

„Höre auf dein Herz,
und wenn es dir nicht antwortet,
so konzentriere dich auf die Liebe,
die niemals versiegt.
Schaue, was du brauchst,
damit du dich von Herzen öffnen kannst.
Wenn dein Herz sich auftut und weitet,
wie eine Blume sich dem Sonnenlicht öffnet,
so wirst du die Antworten in deinem Herzen finden.
Alles ist bereits in dir."

Wenn unser Herz verschlossen ist und wir einen Schutzpanzer um uns errichtet haben, können wir die Stimme unseres Herzens und damit die Stimme der liebenden Kräfte um uns herum nicht hören. Deshalb ist es gut, sich immer mal wieder folgende Fragen zu stellen:

- Ist mein Herz offen?
- Was möchte in meinem Herzen geheilt werden?
- Was brauche ich, damit ich mein Herz geöffnet halten kann?
- Welche Herzensqualität (Vertrauen, Trost, Liebe, Fürsorge, Vergebung, Gnade, gesunde Grenzen, Freude, Hingabe, Stille...) tut mir gut?

Wann immer wir nicht weiterwissen und keine Antworten finden, können wir diese Übung durchführen, um uns für unsere Anbindung und unsere innere Stimme zu öffnen.

Übung I:

Mit dieser kleinen Übung können Sie überprüfen, ob das Herz offen ist:

Die Blume im Herzen steht für die Herzenskraft selbst. Wir konzentrieren uns also auf unser Herz und stellen uns vor, wie eine Blume in unserem Herzen erblüht.

Wie sieht diese Blume aus? Welche Farbe hat sie? Ist sie offen oder geschlossen? Gibt es noch mehr Blüten? Wo befindet sie sich (in welcher Art Landschaft oder Zimmer)? Was braucht sie, damit sie sich öffnen kann?

Anhand des Bildes, das wir bei dieser Übung erhalten, können wir sehen, wie es um unsere Herzenskraft steht. Die Farbe der Blume sagt uns, was unser Herz braucht beziehungsweise welche Energie in ihm schwingt. Eine Blume mit geöffnetem Kelch steht für die Offenheit, die Botschaften im Herzen zu empfangen. Diese bildhafte Vorstellung ist vor jeder Situation geeignet. Sie hilft uns, unsere Herzenskraft zu erkennen, zu heilen und unser Herz wieder zu öffnen.

Willst du immer weiter schweifen?
Sieh, das Gute liegt so nah.
Lerne nur das Glück ergreifen,
denn das Glück ist immer da.

JOHANN WOLFGANG VON GOETHE

Übung 2:

Engel – Boten aus einer lichten Welt,
den Menschen von Gott zur Seite gestellt.
Sie spenden Trost, sie lindern Schmerz
und erreichen unser Herz.

Mit dieser Übung können Sie sich das geben, was im Moment gerade wichtig ist:
Stellen Sie sich den Funken der Ewigkeit, die Herzensflamme vor. Betrachten Sie sie. Nun schauen Sie, welche Herzensqualität Sie jetzt brauchen, damit sich Ihr Herz wieder öffnen kann. Sind es Vertrauen, Trost, Liebe, Fürsorge, Vergebung, Gnade, gesunde Grenzen, Freude, Hingabe, Stille, Schutz, Mitgefühl, Geborgenheit, Anerkennung, Selbstliebe, Wärme ... ?
Nun atmen Sie diese Qualitäten ein, und mit dem Ausatmen lassen Sie zu, dass sie sich in Ihrem Energiefeld ausbreiten. Fühlen Sie diese Qualitäten, und spüren Sie, wie Ihr Herz sich mehr und mehr öffnet. Betrachten Sie jetzt noch einmal Ihre Herzensflamme. Hat sie sich erweitert? Ist sie strahlender? Sie können sich alles geben, was Sie jetzt gerade für sich brauchen, damit Sie wieder offen und gestärkt in die Welt ziehen können.

„Mit dem Herzen verstehen – mit dem Verstand lieben"

Übung 3:
Bitten Sie den Engel Ihres Herzens, darüber zu wachen, dass Ihr Herz offen bleibt und Sie führen kann. Wenn es sich verschließt, dann stellen Sie sich vor, wie Sie mit dem Engel

Ihres Herzens in Kontakt treten und ihn fragen, was notwendig ist, damit es sich wieder öffnet.

Erlauben Sie anderen Menschen nicht, Macht über Ihr Herz zu haben, indem Sie es verschließen. Ihr liebendes offenes Herz macht Sie frei, führt Sie und verbindet Sie mit allem, was gut für Sie ist.

Wenn Sie das Gefühl haben, Ihr Herz ist offen, dann konzentrieren Sie sich auf die Reise, die vor Ihnen liegt. Was sagt dein Herz zu der Reise? Segne diese Reise aus der Mitte deines Herzens.

Die Engel der neuen Zeit
bringen eine umfassende Erweiterung.
Synthese und Integration sind die Botschaften dieser Zeit.
Nicht entweder oder, sondern sowohl als auch.
Wir können schöpfen
aus einem unendlichen Potenzial an Möglichkeiten.
Wenn wir aus der Fülle der Seele angeleitet werden,
ist es nicht notwendig,
nach einem äußeren Erlöser Ausschau zu halten.

Packen und Vorbereiten

„Im Menschenleben ist es wie auf der Reise.
Die ersten Schritte bestimmen den ganzen Weg."
ARTHUR SCHOPENHAUER

Wenn wir die geistige Welt mit einbeziehen, erhalten wir in der Pack- und Vorbereitungszeit oft blitzartige Eingebungen in Form von Bildern und Gedanken. Vielleicht klingeln Freunde an der Tür und bringen noch etwas vorbei, oder wir bekommen eine Reiselektüre geschenkt ... Folgen Sie diesen Impulsen, Eingebungen und Fügungen, auch wenn sie im jeweiligen Moment vielleicht überhaupt keinen Sinn ergeben.

Hier ein paar Vorschläge für das Packen und Vorbereiten:

- Entzünden Sie eine Kerze für den Urlaub und für die Engel, die Sie begleiten werden.
- Bitten Sie Ihre Engel ganz konkret, sich um die Reise und den Urlaub zu kümmern.
- Schreiben Sie auf, was Sie sich für die Reise wünschen.
- Bestimmen Sie in Ihrer Wohnung einen Ort, an dem Sie sammeln, was Sie für die Reise mitnehmen möchten.
- Gehen Sie Eingebungen nach, die Ihnen während des Packens in den Sinn kommen. Wenn Sie einen bestimmten Gedanken haben, ein Bild, einen Text oder Gegenstand (Taschenmesser, Becher, Trinkflasche ...), legen Sie diesen zu Ihren Reiseutensilien, auch wenn es für Sie erst einmal überhaupt keinen Sinn macht. Die Engel wissen sehr genau, an was sie Sie

erinnern müssen, da sie ja bereits im Vorfeld die gesamte Reise überschauen.

- Informieren Sie sich über den Ort, an den Sie reisen, über besondere Plätze, Sehenswürdigkeiten, über die Sitten, Gebräuche und Regeln, damit Sie sich vorher schon auf das Land einstimmen und den Gegebenheiten entsprechend packen können.

- Ebenso ist es empfehlenswert, sich über Einreisebedingungen, Zollbestimmungen, Zeitunterschied, Wetterbedingungen, etwaige Gefahrenquellen, Krankheiten und andere Besonderheiten schlau zu machen, um bestimmte Risiken von vornherein zu vermeiden. Diese Informationen eingeholt zu haben, lässt uns ruhiger werden und hilft uns, den richtigen Weg zu gehen, zu wissen, worauf es ankommt, und bestimmte Situationen gut und friedlich zu meistern. Es ist nicht notwendig, gleich bei der Anreise Ärger mit dem Zoll zu bekommen, weil einem die teure 200-ml-Parfümflasche abgenommen wird, in Krokodilseen zu baden, sich ins Meer zu stürzen, obwohl die rote Flagge gehisst ist, in T-Shirt und Badehose eine Moschee zu besuchen ... (Diese Informationen zu Ländern und ihren Besonderheiten kann man im Reisebüro, in Reiseführern und im Internet erhalten.)

- Wenn Sie die Reise geplant haben, bitten Sie die Engel, dafür zu sorgen, dass alles reibungslos verläuft und dass Sie auf der Reise für die Fügungen und Botschaften der Engel offen sind.

- Segnen Sie Ihre Wohnung, Ihr Haus, die Reise, die Mitreisenden, die Zeit, die Sie miteinander verbringen, bis Sie wieder zu Hause sind.

- Bitten Sie vor der Abreise in Ihren Träumen um Hinweise und Zeichen.

- Achten Sie in den nächsten Tagen auf weitere Eingebungen.
- Sie können einen Talisman, einen Gegenstand, den Sie mit den Engeln verbinden, der Ihnen in Liebe geschenkt wurde, mitnehmen, sodass Sie sich immer wieder daran erinnern, dass andere Kräfte bei Ihnen sind, die Ihnen in jeder Situation helfen.
- Sie können sich einen kleinen Taschenaltar und/oder einen Medizinbeutel packen, der Ihnen auf Reisen Kraft gibt.

„Man reist nicht, um anzukommen,
sondern, um zu reisen."
JOHANN WOLFGANG VON GOETHE

Reisetagebuch

„Ich reise niemals ohne mein Tagebuch.
Man sollte immer etwas Aufregendes zu lesen
bei sich haben."

OSCAR WILDE

Reisetagebuch

Es ist wichtig, sich jeden Tag etwas Zeit zu nehmen, das Erlebte zu reflektieren, sich selbst zuzuhören und seine Gedanken fließen zu lassen. Ein Tagebuch ist hier ein sehr nützliches Hilfsmittel. Man hält schriftlich fest, was einen bewegt, kann mit sich selbst Zwiesprache halten und entwickelt über die Zeit ein tiefes Gefühl für sich selbst. Zudem lassen sich hier alle nützlichen Adressen notieren, wichtige Momente, zufällige Begegnungen und die Gedanken, die man dabei hatte. Man „sortiert" sich quasi beim Schreiben, kann planen, Rückschlüsse ziehen, ins Philosophieren kommen. Vielleicht kann man sogar beschreiben, welche Eingebungen man hatte, wann man die Engel um sich herum gespürt hat ...

Übung:

Nehmen Sie sich jeden Abend etwas Zeit, schließen Sie Ihre Augen und lassen Sie den Tag vorbeiziehen.

- Was war besonders schön und beeindruckend?
- Was ist Ihnen aufgefallen?
- Wann haben Sie sich mit „Allem" in Einklang gefühlt?
- Was haben Sie heute so gedacht?
- Was war wichtig für Sie?
- Beschäftigt Sie eine bestimmte Frage?
- Welches Detail ist Ihnen besonders aufgefallen? (Farbe, Zahl, Geruch, Geschmack ...)
- Haben Sie heute eine Fügung oder Führung erlebt?

Schreiben Sie auf, was Sie bewegt. Sie können die Engel um eine Antwort bitten.

Manchmal kommt die Antwort während des Schreibens, des Nachts im Traum oder in den nächsten drei Tagen in Form von Fügungen und Zeichen oder durch einen anderen Menschen.

„Die längste Reise ist die Reise nach innen."
DAG HAMMARSKJÖLD

Der innere Seelengarten

*Fühle dich zutiefst
WILLKOMMEN.
Gehe vorwärts, denn der ganze Re-
genbogen leuchtet um dich.
Liebe trägt dich, Liebe umfängt dich,
Liebe öffnet dich.
Sei für alle Zeiten wie ein Kind, und
mache dir keine Sorgen wegen der
Erde oder der Schöpfung – sie ist
geschützt in einem sicheren geistigen Raum, den nichts durchdringen oder zerstören kann. Diejenigen, die offenen Herzens
sind, können mit diesem geistigen Raum in Verbindung treten.
Von diesem Ort aus sind wir mit allem verbunden
und können die Situationen in unserem Leben mithilfe unserer
Führung erkennen und wandeln. Besinne dich auf dein Herz,
und schau in dein Inneres. Hier wirst du die richtigen Antworten
finden.*

Jeder von uns hat einen heiligen Raum im Herzen, in dem er
Zwiesprache mit seiner geistigen Führung halten kann. Dieser
Raum wird umschrieben mit Begriffen wie „Insel im Herzen",
„Geheimkammer", „Seelengarten", „Tempel", „heiliger Ort" ...
Dieses Heiligtum im Herzen ist ein geheimer Garten, den nur
wir betreten können, um uns in unserer geistig-spirituellen
Essenz zu erkennen. Diesen Raum können wir in der Medita-
tion, der Stille oder während einer schamanischen Trommel-
reise betreten.

Zuerst mag es eine Vorstellung sein, doch wenn wir wirklich diesen Seelengarten betreten, werden wir erleben, dass er ein Eigenleben führt, denn er wird von unserer Seele geleitet. Wir können hier unsere Führer, Engel, Krafttiere oder Ahnen treffen und Zwiesprache halten, können erfahren, was gewandelt werden muss, Einweihungen und Erkenntnisse erlangen oder Anweisungen für den nächsten Schritt im Leben erhalten.

Eines aber ist sicher: In diesem Seelengarten sind wir behütet und sicher, es ist ein Platz, an dem wir uns zutiefst geborgen fühlen und uns öffnen können, um zu schauen, was wirkt. Hier ist es uns möglich, unsere inneren Vorgänge zu hinterfragen und somit zu Selbsterkenntnis sowie Klarheit über die äußeren Vorgänge zu gelangen. Je öfter wir diesen Raum aufsuchen, desto mehr erkennen wir, wie er sich verändert und wandelt. Vielleicht wechselt die Führung, weil wir eine neue Aufgabe erfüllen sollen ... Es ist ein sehr lebendiger Platz.

Mit der Zeit erkennen wir, wie sich die innere Welt in der äußeren Welt widerspiegelt. Haben wir zum Beispiel die Quelle in unserem Seelengarten mithilfe der Engel wieder zum Sprudeln gebracht, wird auch im Außen alles fließen.

Diesen inneren Garten sollte man besonders vor und auch während einer Reise in der Meditation aufsuchen, um Antworten, Lösungen, Hinweise und Führung zu finden.

Hier ein Beispiel:

Auf einer Indienreise hatte ich mich verlaufen und fand meinen Weg zurück in das Hotel nicht mehr. Leider hatte ich weder Namen noch Adresse parat. Nun, nach einigen Minuten des Ärgers über mich selbst, setzte ich mich auf eine Bank, entspannte und beruhigte mich und trat in meinen Seelengarten. Ich bat meine innere Führung um Hilfe. Sie sagte: „Ich schicke dir einen Schmetterling, folge ihm." Nach einiger Zeit öffnete ich die Augen, und tatsächlich war direkt vor mir ein schöner großer Schmetterling, der in eine bestimmte Richtung davonflatterte. Ich folgte der Richtung und kam zu meinem Hotel – dank der Führung!

Übung: Reise in den Seelengarten

Entspannen Sie sich, indem Sie die Hand auf Ihren Bauch legen und die Aufmerksamkeit auf Ihren Atem lenken. Lassen Sie diesen sanft ein- und ausströmen, und spüren Sie, wie Sie beginnen, loszulassen, zu entspannen und ganz zu sich, zu Ihrer eigenen Essenz zurückzukehren. Sie werden bemerken, wie die Energie ganz von selbst tiefer in Ihren Bauchraum hineinfließt, wie der Alltag in weite Ferne rückt und Sie sich mehr und mehr dem inneren Raum öffnen können. Legen Sie die Hand auf Ihr Herz. Konzentrieren Sie sich auf den Herzschlag und die ausstrahlende Körperwärme.

Stellen Sie sich nun vor, wie die Herzenstüren sich öffnen und Sie in Ihren inneren Raum, in Ihr Heiligtum eintreten. Vor Ihnen entfaltet sich ein vollkommener, wunderschöner Platz, Ihr Seelengarten. Ein Ort, an dem Sie sich zu Hause, sicher und vollkommen geborgen fühlen und wo Sie mit Ihrem höheren Selbst, Ihren Engeln und Ihrer Führung in Kontakt treten können.

Fragen Sie nun, was Sie für die kommende Reise beachten sollen, oder bitten Sie um einen Schutz, ein Symbol, eine besondere Kraft.

Bedanken Sie sich, und kehren Sie zurück.

Schreiben Sie die Erkenntnisse, die Sie im Seelengarten erhalten haben, in Ihr Tagebuch nieder.

Je öfter wir uns diesem Ort öffnen, desto mehr erfahren wir eine Ausdehnung; neue Plätze, Bereiche und Möglichkeiten tun sich plötzlich auf – zuerst im Inneren und nach und nach auch im äußeren Umfeld.
Wenn die innere und die äußere Welt miteinander in Verbindung stehen, können wir wahre Wunder erfahren.

„Die Reise mahnt uns, stets im Sinn zu halten
und darauf bedacht zu sein,
das eigene Land
zu suchen.
Du weißt es, glaub ich,
nicht:
dies Land heißt
Paradies."
OTFRID VON
WEISSENBURG

Segnung vor der Reise

„Mögest du eine gute und sichere Reise haben ...“

Was ist das Gegenteil von segnen? Die Antwort lautet: fluchen!

Wie oft fluchen wir, weil dies oder jenes nicht so läuft, wie wir es uns vorstellen?

Wie oft segnen wir eine Sache, auch wenn sie nicht so läuft, wie wir sie uns vorstellen? Segen und Fluch gehören zusammen. Wenn wir fluchen können, so können wir doch auch segnen, oder?

Wenn wir unsere Aufmerksamkeit nicht auf den Segen richten, so können wir diesen in einer Situation nicht erkennen. Spätestens jetzt, wenn wir diese Worte gelesen haben, können wir frei wählen.

Wir sind hier, um das Leben zu segnen
und den Segen im Leben zu erfahren.

Etwas zu segnen bedeutet, potenziell Gutes durch Worte, Bilder oder Taten zu bekräftigen und das, was gesegnet wird, mit Licht zu versiegeln. Der Segen lässt die Zellstruktur aller Lebewesen aufleuchten und verleiht ihnen Schönheit und Vitalität. Wir bringen mit dieser Geste Licht in die Welt und laden Energiefelder auf. Alles, was wir geben, kommt vielfach zu uns zurück.

Der Begriff „Segen“ bedeutet „mit einem heiligen Zeichen versehen“. Auf religiösem Gebiet ist es eine wohlmeinende Formel oder ein Gebet. Der Segen kann mit Gebärden verbunden werden, wie dem Auflegen, Ausbreiten oder Öffnen der Hände, damit der Strom der Liebe in die Dinge fließt ...

Das hebräische Wort „barach" bedeutet „Segen" und wird erstmals in der Bibel in 1 Moses, 1,22 und 28 erwähnt: „Gott segnete sie und sprach: Seid fruchtbar und vermehret euch ..."

Segen und Segensformeln lassen sich auf dieser Welt in allen Kulturen und zu allen Zeiten finden und stellen eine Möglichkeit dar, Kräfte zu erlösen und wieder lichtvoll erscheinen zu lassen. Durch die Ausführung eines Segens ist es uns möglich, Flüche zu lösen und Energie wieder zum Fließen zu bringen.

Viele Dinge laufen einfach nicht optimal, weil der Segen fehlt. Deshalb ist es nie verkehrt, eine heilsame Formel über einen Gegenstand oder ein Vorhaben zu sprechen.

Um dies noch zu verdeutlichen, möchte ich etwas weiter ausholen. Jeder Gedanke und jedes Wort ist nicht nur eindimensional, wie wir annehmen. Sprechen wir ein Wort bewusst aus und lassen es wirken, stellen wir fest, dass es eine Form bildet. Angenehme Worte, die mit dem Herzen gesprochen und mit positiven Gefühlen geladen sind, schaffen angenehme, wohlwollende, lichtvolle Formen, die ein Energiefeld erhöhen, inspirieren und stärken und uns an das universelle Feld anschließen. Negative Worte, geladen mit unangenehmen Gefühlen, schaffen schwächende Formen und können zuweilen messerscharf sein oder sich wie ein spitzer Pfeil anfühlen. Sie verursachen Kälte, Trennung, Schmerzen und Enge. Doch es liegt auch an uns, diese Worte und Gedankenformen wieder umzuwandeln.

Probieren Sie es aus: Denken oder sprechen Sie ein angenehmes Wort, und beobachten Sie die Form, die aus diesem Wort entsteht. Lassen Sie sich Zeit. Nun denken oder sprechen Sie ein unangenehmes Wort, und schauen Sie, welche Form daraus entsteht. Diese Formen haben Kraft und wirken auf das Feld ein.

„Achte auf deine Gedanken,
denn sie werden Worte.
Achte auf deine Worte,
denn sie werden Handlungen.
Achte auf deine Handlungen,
denn sie werden Gewohnheiten.
Achte auf deine Gewohnheiten,
denn sie werden dein Charakter.
Achte auf deinen Charakter,
denn er wird dein Schicksal."

TALMUD

Segnen ist eine positive Weise, auf seine Umgebung Einfluss zu nehmen. Das Ziel ist, die Energie zu erhöhen beziehungsweise ein positives Feld aufzubauen, das Gutes für den Ort und seine Bewohner anzieht und ein kraftvolles Schwingungsfeld erschafft.

Alles, was uns begegnet, können wir laut oder im Stillen segnen. Wichtig dabei ist, dass wir die Worte aus der Tiefe unseres Herzens sprechen. Wir können die Engel bitten, uns beim Segnen zu unterstützen.

Hier ein paar Beispiele für aus tiefstem Herzen gesprochene Segensworte:

Sie können natürlich Ihre eigenen Worte dafür wählen. Wichtig ist nur, dass die Worte für einen Segen wirklich aus dem Herzen kommen!

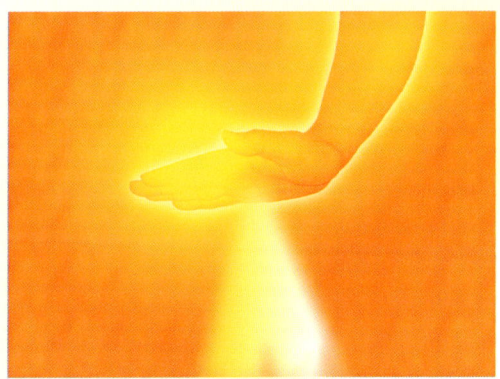

- Gott segne dich!
- Möge Gottes Segen mit dir sein!
- Möge dieses Haus gesegnet sein und erfüllt mit Frieden, Schutz und Liebe.
- Mögen meine Kinder ... (Namen) und Partner ... beschützt und behütet sein.
- Ich segne deine Reise und sende dir Engel mit auf deine Wege!
- Mögest du allzeit behütet sein auf deinen Wegen!
- Möge Gott, die Quelle allen Seins, dich segnen und behüten, die Engel um dich herum leuchten und dir Frieden und Kraft auf deiner Reise schenken!
- Mögest du geschützt sein!
- Ich segne alles, was du tust!
- Möge alles dir zum Segen sein!
- Ich segne dein Leben!

- Ich segne meine Vergangenheit, meine Gegenwart, meine Zukunft. Möge der Segensstrom mich allzeit leiten, wohin meine Wege mich auch führen.
- Alles, was geschieht, geschieht zu unserem Besten.

Segen für unsere Wohnung, unser Haus

Vom Keller bis zum Dach, von der Tür bis zu den Fenstern, bis zu den Grenzen der Wohnung, des Hauses, des Gartens fülle ich alles mit der schützenden Energie
und bitte um den Segen für die Räume
und für jeden Menschen, der hier zu Hause ist.
Mögen nur die Liebe, das Licht und die Kraft und alles, was uns wohlgesinnt ist, über die Schwelle treten.
So sei es!

Wir können einen Segen telepathisch (in Gedanken) durchführen, indem wir unsere Hände auf den imaginären Gegenstand richten, den wir segnen wollen und die Engel bitten, Segensenergie, Kraft, Schutz durch uns, unser Herz und unsere Hände hineinfließen zu lassen. So können wir uns beispielsweise den Beginn der Reise und auch die Heimkehr vorstellen und den Segensstrom von Anfang bis zum Ende der Reise vorausfließen lassen.

Wir halten diese Geste so lange, bis wir spüren, dass der Energiestrom versiegt.

Wir führen einen Segen so lange durch, bis sich von allein das Gefühl einstellt, dass jetzt alles gut ist.

Wenn Sie beim Visualisieren (bildhaften Vorstellen) merken, dass Störungen oder „Unebenheiten" im Segensstrom auftreten, führen Sie die Übung so lange durch, bis der Strom klar, gleichmäßig, friedlich, kraftvoll und mit Licht erfüllt fließt. Fragen Sie Ihre Engel, was noch zu beachten und zu berücksichtigen ist, damit der Segen fließen kann. Die Zeichen und Botschaften können sich in den nächsten drei Tagen über Träume, Eingebungen und Begegnungen zeigen.

Zur Verstärkung eines Segens können wir eine Kerze anzünden, Weihwasser, Wasser & Salz, Räucherwerk sowie Weihrauch verwenden; mit Räucherungen beziehungsweise Weihrauch können wir unser Haus segnen. Mit Weihwasser oder Wasser mit Salz die vier Ecken eines Grundstückes besprengen oder unser Auto damit weihen ...

Sie können sich in der Meditation von Ihren Engeln zeigen lassen, wie Sie ein Grundstück, einen Gegenstand oder die bevorstehende Reise am besten segnen können. Folgen Sie Ihrer Eingebung.

Segensübung

Erzengel Michael hinter mir

irisierend Blaugold

Erzengel Raphael links von mir

strahlendes Grüngold

Erzengel Uriel rechts von mir

funkelndes Rubinrotgold

Erzengel Gabriel vor mir

glitzerndes kristallines Weißgold

Erzengel Zadkiel unter mir

loderndes reinigendes Violettgold

Erzengel Chamuel um mich

magnetisierendes Rosagold

Erzengel Jophiel über mir

fließendes Gold

Der Regenbogen aus Licht leuchtet durch mich
und um mich.
Geborgen und eingehüllt
bitte ich um den Segen der Erzengel für meine Reise.
Aus tiefstem Herzen: Danke!

Schließen Sie die Augen, konzentrieren Sie sich auf Ihr Herz. Spüren Sie die Anwesenheit der Erzengel, die wie Regenbogenlicht um Sie und durch Sie funkeln, strahlen und leuchten.

Eine oder mehrere Farben treten nun deutlich und strahlend heraus beziehungsweise erscheinen besonders stark. Sie nehmen die Erzengel deutlich wahr. Die Energie beginnt, durch Ihr Herz in die Hände zu fließen. Stellen Sie sich vor, wie dieses Licht – gleich einem Segensstrom – auf die Reise und alle damit zusammenhängenden Unternehmungen wirkt, bis Sie wieder zu Hause sind. Wenn Sie möchten, können Sie leise die Tage oder Wochen, in denen Sie unterwegs sein werden, vor sich hersagen. Vielleicht verändert sich an manchen Stellen dieser Segensstrom, indem er die Farbe wechselt, stärker fließt oder Ähnliches. Notieren Sie sich in Ihr Tagebuch, was Sie gefühlt, ersehen und erahnt haben. Danken Sie für den Segen, und kehren Sie zu Ihren derzeitigen Aufgaben zurück. Der Segensstrom wird Sie tragen!

Auch wenn Sie eine Farbe gesehen haben, die in einem natürlichen Regenbogen nicht erscheint, zum Beispiel Türkis oder Magenta, können Sie im Anhang eine Beschreibung der Farben und den dazugehörigen Engel nachschlagen.

Als hellsichtiger Mensch kann ich bestätigen,
dass man den Segen in der Aura eines Menschen

und in einem Energiefeld als goldene Lichtfunken,
Glückszeichen, lichtvoll drehende Spiralen,
gold-rosa Kreise oder zarte leuchtende Hüllen
wahrnehmen kann.
Ein Segen bringt Licht in ein Energiefeld.

„Einen Segen kann man nicht zurücknehmen."

QUELLE UNBEKANNT

Schutz vor Krankheiten während einer Reise

„Beschütze meine Seele
mit dem göttlichen Licht der Liebe,
begleite mich auf meiner Reise
und lass mich heil und gesund heimkehren."

Wenn wir in andere Länder reisen, können wir mit Krankheiten konfrontiert werden, die wir in unseren Regionen nicht kennen und für die wir daher besonders anfällig sind. Informieren Sie sich daher genau, bevor Sie auf die Reise gehen, am besten bei Ihrem Hausarzt, im Reisebüro, in einem Tropeninstitut oder über das Internet.

Wenn wir die dort gegebenen Ratschläge befolgen, sind wir auf der sicheren Seite.

Zudem gibt es energetische Übungen, die uns vor Krankheiten bewahren können. Zwei davon möchte ich hier vorstellen.

Schutz durch die rubinrot-goldene Christusstrahlung

„Keep close to Jesus, he loves you.
Let us pray, God bless you.“

„Bleib nah bei Jesus, er liebt dich.
Lasst uns beten, Gott segne dich.“

MUTTER TERESA

Vor langer Zeit traf ich eine Ärztin, die mit der Arbeit der Strahlenlehrer vertraut war. In ihrer tagtäglichen Arbeit war sie immer wieder mit Epidemien, Grippewellen, Magen- und Darminfekten und Ähnlichem konfrontiert, wurde selbst jedoch nie infiziert. Ich fragte sie, wie sie zehn Stunden am Tag mit kranken, infektiösen Menschen arbeiten könne und dabei nicht krank werde.

Sie erklärte mir, dass sie ihr Blut unter das Blut Christi stelle und ihre Arbeit mit ihrer ganzen Liebe tue. Jeden Morgen, bevor sie zur Arbeit gehe, bete sie für diesen Tag und stelle ihre Gesundheit unter Jesu Schutz.

Dieses tägliche Gebet würde durch ihre Visualisation oder intensives Fühlen noch um ein Vielfaches verstärkt werden. Sie zeigte mir folgende Übung:

Übung:

Schließe deine Augen. Konzentriere dich eine Zeit lang ganz auf deinen Atem. Spüre, wie du langsam mehr und mehr zu dir kommst. Lasse alle Anspannungen mit dem Ausatmen los, und atme daraufhin frische, kraftvolle, goldene, lebendige Lebensenergie ein.

Bevor du beginnst, stelle dir dein Blut vor, das jetzt durch dein Herz und deine Adern fließt. Zur Unterstützung kannst du deine Hände wölben und an die Ohren halten. Man kann ein Rauschen hören. Wie fühlt es sich an? Wie sieht es aus? Ist es fließend, dunkel, hell, verklumpt, rein, klar oder dick ... Nimm es einfach wahr, ohne zu werten.

Wenn du dich bereit fühlst, bitte den rubinrotgoldenen Christusstrahl, aktiv zu werden. Spüre das strahlende rubinrotgoldene Christuslicht um dich herum. Nimm es so intensiv wahr, wie es dir möglich ist.

Öffne nun dein Kronen- oder Scheitel-Chakra, und lasse dieses wunderbar funkelnde, strahlend-leuchtende rubinrot-goldene Christuslicht aus dem Kelch Christi in dich hineinfließen und durch dich hindurchpulsieren und -strömen. Sieh, wie es in deine Blutbahnen strömt, in jede Kammer deines Herzens fließt und in deinem ganzen Körper pulsiert und kreist und dich mehr und mehr auflädt.

Lasse das alte, schwere, dumpfe, dunkle Blut mit all seinen alten, negativen Informationen und Altlasten über deine Füße in die Erde abfließen, in der es gewandelt wird.

Alles Alte, Schwere verlässt jetzt deine Energiebahnen.

Lasse zu, dass das Blut Christi dich durchströmt und dich mehr und mehr auflädt. Spüre den Segen, der sich über dich ergießt. Lasse den Energiestrom so lange durch dich fließen und strömen, bis du dich komplett aufgeladen, erneuert und angereichert fühlst.

Fühle dich angebunden an diese wundervolle Kraft und Energie. Fühle den Schutz und den Segen. Bedanke dich für diese Erneuerung.

Stelle dir nun noch einmal das Blut vor. Sicher wirst du eine deutliche Veränderung spüren.

Nun kannst du getrost zum Tagesgeschehen übergehen. Je öfter du diese Übung machst, desto mehr wirst du eine positive Veränderung bemerken und eine neue Kraft in deinem Herzen und in deinen Adern wahrnehmen. Dein gesamtes Wohlbefinden wird sich um ein Vielfaches steigern.

Eine Abwandlung dieser Meditation ist, sich öfter vorzustellen, wie das Blut Christi in unseren Blutbahnen pulsiert, uns schützt und energetisiert. Das Blut sorgt für unsere Abwehr und enthält viele Heilkräfte, die wir mit dieser Meditation um ein Tausendfaches verstärken.

Diese Übung kann unterstrichen werden, indem wir ein Glas Wasser in unsere rechte Hand nehmen und die linke Hand darüberlegen. Wir stellen uns nun vor, wie ein Segensstrom in das Wasser fließt. Danach trinken wir dieses Wasser ganz bewusst. Diese Übung kann man bei allen Flüssigkeiten, die man während des Tages zu sich nimmt, anwenden.

Ich kann diese Übung wärmstens empfehlen, da sie mich in vielen Ländern getragen, energetisiert und beschützt hat.

„Ein himmlisches Wesen,
strahlender denn je und anzusehen
wie frisch gefallener Schnee,
welcher in der Sonne glitzert und leuchtet,
hielt den Kelch in der Hand.
Der Engel sendete
das von strahlendem Licht leuchtende Blut Christi
den Kindern entgegen und sprach:
‚Trinkt, ich verehre euch von ganzem Herzen
und bringe euch das Kostbarste, Leib, Blut und Seele
in ihrer Göttlichkeit.

Ihr seid beschützt und behütet in seinem Angesicht,
es wird wachen über euch,
kein Leid wird euch je geschehen.'
Die Kinder tranken die Flüssigkeit.
Die Aufgabe des Engels war erfüllt:
Er hatte die Kinder dazu befähigt,
sich vorbehaltlos
dem Göttlichen zu öffnen."

DIE ENGEL VON FATIMA

Lichtdusche:
Wasserfall aus kristallinem Licht

Die Säule oder Kugel aus kristallin-weißem Licht

„Eine weiß gekleidete Dame,
glänzender als die Sonne,
heller und stärker leuchtend
als ein Kristallglas voll kristallklaren Wassers,
durch das die Strahlen der glühendsten Sonne dringen,
erschien und hüllte mich in ihr Gewand."
BESCHREIBUNG EINES ENGELS VON LUCIA DOS SANTOS

Ein weiterer Schutz für Reisende ist die kristallin-weiße
Lichtsäule, oder Lichtkugel. Der Kristall ist durch seine kris-
talline Struktur ein Mittler zwischen der materiellen und der
geistigen Welt. Er ist ein Träger der Information, durchschei-
nend, sichtbar und doch mit dem Unsichtbaren zutiefst verbunden. Von daher ist er als Schutzstein, in der Traumpraxis
und für viele Meditationsübungen ein geeigneter Begleiter
und Verstärker.

Wenn wir in einen Kristall schauen, können wir uns das
weiß-kristalline Licht am ehesten vorstellen. Ein kleiner
Bergkristall kann uns auf Reisen an dieses Licht, das immer
um uns herum ist, erinnern.

Wir können uns dieses Licht auch so vorstellen, dass es wie
ein Wasserfall von unserem höheren Selbst auf uns herab-
strömt, uns reinigt und alles, was uns nicht dient, wegspült,
uns ausrichtet und unsere Energie um ein Vielfaches er-
höht.

Es hüllt uns ein und bildet eine undurchdringliche Licht-
mauer, die nur das zu uns lässt, was gut für uns ist.

Während Sie die nachfolgenden Wort leise oder laut lesen oder sprechen, stellen Sie sich vor, wie das Licht aus dem höheren Selbst fließt, Sie durchdringt und umhüllt und Sie immer reiner, klarer und heller werden.

Eine schützende Säule aus weißem, kristallin-strahlendem Licht, heller und strahlender als frisch gefallener Schnee, gleich einem Wasserfall, der das Licht der Sonne strahlend und funkelnd reflektiert, fließt von den höchsten Ebenen um mich herum. Dieses Licht, hell, zart und transparent, durchdringt mich, hüllt mich ganz und gar ein und lässt mich immer klarer werden. In dieser funkelnden und strahlenden Aura aus weißem Licht bin ich geschützt, angeschlossen, aufgehoben und geborgen. Stille, Frieden, Klarheit. Alles Gute kommt nun zu mir, und ich bin dankbar dafür!

Diese Übung können wir morgens und abends machen. Sie hilft uns, uns auszurichten, sie stärkt unsere Intuition und schützt uns auf unseren Wegen. Sie hilft uns auch, uns besser an unsere Träume zu erinnern.

Jedoch möchte ich hier daran erinnern, dass Liebe, Mitmenschlichkeit, Mitgefühl und ein offenes fließendes, strömendes Herz der größte Schutz auf Erden sind!

Kind in Kugel aus weißem Licht

Ein Engelgeschenk für Menschen, die auf Reisen gehen

„Denn er hat seinen Engeln befohlen,
dass sie dich behüten auf all deinen Wegen."
PSALM 91,11

Eine schöne Geste ist es, Menschen, denen man von Herzen zutiefst verbunden ist, ein kleines Geschenk der Engel mit auf die Reise zu geben. Einen Glücksbringer, einen Anhänger, eine Feder, eine Figur, einen Kristall oder einen Edelstein, der mit Liebe und Segensworten „geladen" ist.

Solche Gegenstände erinnern uns zu jeder Zeit daran, dass wir von Engeln begleitet und geschützt werden, und dass sie im rechten Augenblick zur Stelle sein werden – ob wir daran glauben oder nicht.

Ein Freund von mir bekam vor dem Antritt einer Reise von seiner Freundin einen Engelanhänger für sein Auto, mit den Worten: „Mögen dich die Engel allzeit beschützen und ihre Flügel um dich legen." Er glaubten nicht so recht an die „himmlischen Helfer", nahm das Geschenk aber gerne an und band den Anhänger an seinen Autospiegel. Jahre später hatte er einen schweren Unfall, an dem er keinerlei Schuld trug. Niemand konnte sich erklären, dass er noch nicht einmal einen Kratzer abbekommen hatte, obwohl sein Auto sich überschlagen hatte. Er selbst führte es auf den Schutz des Engels zurück, dessen schützende Hand er in jenem Augenblick ganz deutlich gespürt hatte.

Der Abwesenheitskalender

„Wir wachen bei Tag und bei Nacht über dich, du bist unter unseren Flügeln geborgen,
drum genieße das Leben,
und mach dir keine Sorgen."

Kinder können größere Zeitabstände nicht genau überblicken. Ein oder zwei Tage Abwesenheit eines Elternteils können für sie zur Ewigkeit werden und Verlustängste hervorrufen. Daher bereite ich, wenn ich auf Reisen gehe, einen „Abwesenheitskalender" für meine Kinder vor. Dieser besteht aus einer kleinen Überraschung für jeden Tag, sei es eine Engelkarte mit einer Kerze oder ein Foto, das an schöne gemeinsam verbrachte Tage erinnert. So können meine Kinder die Tage, an denen ich abwesend bin, besser überschauen. Sie fühlen die Verbindung und freuen sich über die kleinen Geschenke. Ein geistiger Raum der täglichen Begegnung wird geschaffen, und es wird sicht- und spürbar, wie die Zahl der Tage bis zum Wiedersehen kleiner wird. Die Gewissheit, der andere kehrt zurück, wird gestärkt.

Natürlich kann man einen solchen Kalender auch für Erwachsene, beispielsweise seinen Partner, basteln und sich zu einer Uhrzeit verabreden, an dem man füreinander eine Kerze anzündet oder einfach aneinander denkt. Dabei kann man – auch über große Distanzen hinweg und ohne technische Hilfsmittel – erstaunliche Erfahrungen miteinander machen. Oft spürt man regelrecht, wie es dem anderen geht. Das unsichtbare Herzensband wird so noch gestärkt.

Abwesenheitskalender

Engel auf den leeren Platz bitten

Ich bitte euch, ihr Engel,
geht auf meinen Platz,
hütet ihn in Licht, Wärme
und Liebe,
strahlt Wärme, Licht, Lie-
be und Segen aus,
bis ich wieder da bin.
Danke. So sei es!

Eine weitere mir sehr wichtige Sache ist es, mich, wenn ich längere Zeit von zu Hause fort bin, von einem Engel „vertreten" zu lassen. Ich bitte die Engel, auf meinen Platz zu gehen und ihn während meiner Abwesenheit zu hüten. Oft nehme ich vor meiner Abreise einen wunderschönen rosa-goldenen Engel wahr, der Wärme und Liebe im Haus verströmt und erhält, bis ich wieder da bin. So entsteht kein „energetisches Loch", wenn ich unterwegs bin, und meine Wärme und Liebe bleiben erhalten. Jede Familie hat einen Familienengel, der ihr in allen Angelegenheiten, welche die

Familie betrifft, Rat geben kann. Seine Liebe ist unermess-
lich groß.

Übrigens: Auch an seinem Arbeitsplatz kann man sich während seiner Abwesenheit von einem Engel vertreten lassen!

„Wir sind in Liebe miteinander verbunden,
auch über große Entfernungen."

„In der Stille des Herzens
kannst du die Stimme der Weisheit hören,
kannst du zur Ruhe kommen
und deinen Blick nach innen richten.
Wenn ja, wirst du erkennen, dass die Wahrheit stets zugäng-
lich ist und dass sie stets Antworten gibt."

LAO TSE

Während der Reise

„Zum Reisen gehört Geduld, Mut, Humor
und dass man sich durch kleine widrige Zufälle
nicht niederschlagen lasse."
ADOLPH FREIHERR VON KNIGGE

Der Tag ist da, an dem unsere Reise nun endlich beginnt. Statt uns den Tausenden von Ängsten und Sorgen hinzugeben, die bekanntlich auftauchen, wenn wir das Gewohnte verlassen und ins Unbekannte ziehen, können wir von Anfang an die Reise mit lichtvollen Gedanken und Gefühlen auf angenehme Weise unterstützen. Wir müssen nur darauf achten, unseren Energiestrom zu erhöhen, sodass die uns tragende Kraft auch wirklich fließen kann ...

Vergegenwärtigen wir uns deshalb: „Wir alle haben Zugang zu gewaltigen spirituellen Energien, die uns tagtäglich führen. Es ist unsere Aufgabe, uns bewusst darauf einzustimmen und zu erlauben, dass diese Kraft in unserem Leben wirken und uns tragen kann.

Lassen Sie uns also die Segel für eine Reise so setzen, dass wir von den Winden der Liebe, Kraft und Energie in die richtige Richtung getragen werden, ohne dass wir viel dafür tun müssen. Öffnen wir uns dem, was ist, und schauen, wie wir das Beste und Schönste daraus machen können.

Der blaue Leitstrahl zum Ziel

Ein Leitstrahl aus elektrisch-magnetischem,
gleißendblauem Licht, erschaffen aus der Quelle,
getragen von den Engeln des blauen Strahles,
führen mich sanft, schnell und sicher an mein Ziel.
Ich vertraue der göttlichen Führung.

Eine Reise beginnt gewöhnlich damit, dass man ein Fortbe-
wegungsmittel benutzt, das einen von einem Ort zu einem
anderen trägt. Und oft kommt es dann so: Wir sehnen uns
wochenlang nach dem Urlaub, der große Tag ist da, wir stei-
gen nach stundenlangem Kofferpacken in unser Auto und
stehen schon nach kurzer Zeit bei größter Hitze in einem ki-
lometerlangen, nicht enden wollenden Stau. Oder: Wir können im Flugzeug nicht nebeneinander sitzen, die Maschine
hat Verspätung, und wir verpassen den Anschlussflug ... Es
gibt viele Situationen, die wir nicht eingeplant haben, die uns
aber nicht zum Verhängnis werden müssen. Wir können diese
Zeit, in der wir nicht viel an den äußeren Umständen ändern
können, damit verbringen, uns aufzuregen und uns in unsere
schlechte Stimmung hineinzusteigern, wir können aber auch
still werden und damit beginnen, die Engel und ihre positiven
Kräften zu aktivieren, sodass wir in dieser Situation das Beste
für alle empfangen. Die Energie kann wieder anfangen zu
fließen, wenn wir Ruhe und Stille einkehren lassen.
Es bedarf einer Form des Umdenkens, doch es lohnt sich und
macht Spaß obendrein, vor allem, wenn wir erleben, wie sich
eine Situation plötzlich von der einen Minute zur anderen
zum Positiven wendet.

Auch wenn eine Situation oft überhaupt nicht so aussieht, als ob sie uns dienen könnte, kann sie uns helfen, innezuhalten, wieder zu uns selbst zu kommen, uns neu auszurichten und zu erkennen, wo wir vom Kurs abgekommen sind. Vielleicht unterstützt sie uns sogar dabei, neue Fähigkeiten, wie Geduld, Toleranz oder Mitgefühl, zu entwickeln.

Göttlicher Wille – göttlicher Schutz

„Blau ist die Farbe der Stille, des Schutzes,
der Führung und Leitung durch den göttlichen Willen.
El Morya, Erzengel Michael,
die blauen Lichtlegionen der geistigen Heerscharen
und unser Schutzengel wirken in diesem Lichte.
Sie sind da.
Wenn wir sie rufen, stehen sie uns zur Seite
und führen uns zuverlässig, stabil und sicher
auf unserem Weg, an unser Ziel."

Blau ist die Farbe der spirituellen Führung, des Schutzes und des göttlichen Willens. Viele Heilige werden mit einem blauen Umhang dargestellt, als Zeichen für den Schutz und den Willen Gottes, der ihnen hilft, ihren Weg hier auf Erden zu gehen und ihren Auftrag sicher zu erfüllen.

Wenn Sie sich in einer Situationen befinden, in der Sie Kraft und Energie brauchen, ist es hilfreich, sich Erzengel Michael in seiner Pracht und Herrlichkeit vorzustellen. Er trägt eine funkelnde Lichtrüstung und ist mit seinen strahlenden, beschützenden Lichtlegionen für uns da. Sein kraftvolles Licht strahlt und funkelt um uns und unsere Lieben und Freunde, für die wir beten. Wir sind eingehüllt in die herrliche Strahlung des göttlichen Willens und beten:

Erzengel Michael

Erzengel Michael hinter mir,
Erzengel Michael vor mir,
Erzengel Michael mir zur rechten Seite,
Erzengel Michael mir zur linken Seite,
Erzengel Michael über mir,
Erzengel Michael unter mir,
Erzengel Michael um mich herum,
Erzengel Michael, wo immer ich gehe,
geschützt, gestärkt, geführt in seinem Licht.

Der blaue Leitstrahl

Ich werde sicher geleitet und geführt.
Ich erlaube meiner höchsten Führung, mich zu leiten.

Blau-irisierend ist der Leitstrahl, den wir vorausschicken können, damit er uns an unser Ziel bringt. Die Engel des blauen Strahls schützen, behüten und begleiten uns. Es ist eine starke Strahlung, die uns sicher leitet und uns im Alltag oft kurze, klare und deutliche Befehle übermittelt, wie zum Beispiel uns zu ducken, das Fenster zu schließen oder auf die Bremse zu treten ...
Wenn wir besonders angespannt sind, können wir uns auf den blauen Strahl konzentrieren und uns vorstellen, wie er uns sicher von einem Ort zum anderen bringt. Wenn wir mit dem Auto fahren, können wir uns vorstellen, dass es komplett von diesem blauen Licht umhüllt ist und wir bereits gut und sicher an unserem Bestimmungsort angekommen sind.

Farbe des blauen
Leitstrahls

Imaginationsübung:

Entspannen Sie sich, indem Sie die Hand auf Ihren Bauchraum legen und die Aufmerksamkeit auf Ihren Atem lenken.

Lassen Sie diesen sanft ein- und wieder ausströmen, und bemerken Sie, wie Sie beginnen, loszulassen, zu entspannen, und die Energie ganz von selbst tiefer in Ihren Bauchraum hineinfließt. Spüren Sie, wie die Anspannung, in der Sie sich eben noch befanden, abfällt und Sie ganz zu sich selbst kommen. Bleiben Sie während der folgenden Imaginationsübung ruhig, zuversichtlich und entspannt. (Wenn Sie in einer stressigen Situation sind und diese Entspannung auch nur für ein paar Minuten halten können, ist das schon viel!)

Imaginieren Sie, wie sich ein blaues Licht vor Ihnen aufbaut und sich tausendfach verstärkt. Stellen Sie sich dieses Licht so intensiv wie möglich vor und lassen Sie es stärker, leuchtender und kraftvoll werden. Spüren Sie, wie es Sie um- und einhüllt, wie es immer stärker wird und sich immer kraftvoller aufbaut.

Jetzt stellen Sie sich bitte vor, wie Ihr Auto oder das Transportmittel, in dem Sie sich befinden, ebenfalls in dieses blaue Licht gehüllt wird, und schicken Sie den blauen Leitstrahl von dem Punkt, an dem Sie sich befinden, stark, lichtvoll und sicher voraus zu dem Punkt, an den Sie ankommen möchten.

Beobachten Sie nun, wie sich ein blauer Leitstrahl aufbaut, der Sie zielsicher und zuverlässig an Ihr gewünschtes Ziel bringt.

Lassen Sie nun das Bild aufkommen, wie Sie – alleine oder mit Ihren Mitreisenden – an dem Ort, den Sie zu erreichen wünschen, gut und voller Kraft und Energie angekommen sind. Erhalten Sie diese Vorstellung für einige Zeit so intensiv wie möglich aufrecht. Das wirkt quasi so, als würden Sie ein Seil vorauswerfen und damit einen starken, führenden

Leitstrahl aufbauen, auf dem Sie wohlbehalten an Ihr Ziel gelangen.

Dann lassen Sie diese Vorstellung in dem Wissen, dass es getan ist, los. Sie werden sicher ankommen und auf Ihrem Weg geführt sein.

Wir können diesen Leitstrahl auch für andere aufbauen (mit deren Erlaubnis), damit sie sicher und ohne Umwege zu uns finden. Unsere geistige Führung wird uns tragen, da wir ihr unser Ziel deutlich gezeigt haben.

Ich habe schon oft erlebt, dass sich, kurz nachdem ich diese Übung gemacht hatte, Staus auflösten, sich neue Wege auftaten, die Fahrt plötzlich zügig weiterging und wir schnell und sicher und sogar noch pünktlich an unser Ziel kamen, obwohl wir das schon gar nicht mehr zu hoffen gewagt hatten. Glaube, Vertrauen und Gelassenheit kehren zurück, und alles läuft wieder „wie am Schnürchen".

Während einer rasanten Fahrt in Indien wurde der Fahrer plötzlich ruhiger und die Fahrt angenehm leicht.

In einer brenzligen Situation im Flugzeug konzentrierte ich mich darauf, wie ich nach der Landung meine Familie wiedersehen würde. Ich legte meine Hand aufs Herz und sprach: „Großer Geist, wenn meine Zeit jetzt um sein sollte, so bin ich bereit, deinem Ruf zu folgen und in meine geistige Heimat zu gehen, doch wenn ich noch einen Wunsch habe, dann möchte ich heil zu Hause landen und nachher meine Kinder in die Arme nehmen." Mit einem Mal fühlte ich mich entspannt und gelassen, bereit anzunehmen, was kommen würde. Der Flug wurde ruhiger, und wenig später wurde eine Lösung für das Problem, das die gefährliche Situation ausgelöst hatte, gefunden.

„Behalte dein Ziel im Auge,
doch dränge nicht dahin.
Die geistige Führung kennt den Weg."

Ein Freund von mir hatte, kurz nachdem er diese Übung an Bord eines Schiffes ausgeführt hatte, das Gefühl, sein Gepäck nehmen und von Bord gehen zu müssen. Es war ein so starkes Gefühl, dass es ihm wie ein Befehl vorkam. Er konnte gar nicht anders, als dieser Eingebung zu folgen, er wurde zu einem anderen Schiff geführt und kam sicher an seinem Zielort an. Später erfuhr er, dass das Schiff, mit dem er ursprünglich hatte fahren wollen, gekentert war.

Mit dieser Übung lassen wir alles Gegenwärtige und Belastende los und erlauben der höchsten geistigen Schutzkraft, in uns und durch uns zu wirken. Sie wird uns sicher führen.

Ich könnte hier noch unzählige Beispiele auflisten, doch letztendlich zählt die eigene Erfahrung, die sich nur einstellen kann, wenn wir bereit sind, diese Übungen praktisch anzuwenden und zu erleben, wie sich eine Situation plötzlich verändern kann.

„Gott möge Sie beschützt und sicher an Ihr Ziel bringen."

Beruhigung von Turbulenzen und Klärung von Räumen

„Wir sind Gäste des Daseins,
Reisende zwischen zwei Stationen.
Wir müssen unsere Sicherheit in uns selbst suchen."
BORIS PASTERNAK

Lichtmandala

Harmonisierende Lichtmandalas

Das Wort „Mandala" ist ein Sanskritwort und bedeutet „Kreis". Ein Mandala ist ein in sich abgeschlossener, harmonischer Schwingungsraum, der mit seinem Licht jeden Raum harmonisiert und erstrahlen lässt. Wenn wir uns umschauen und in die Natur blicken, entdecken wir überall Mandalas. Blüten und Blumen die sich öffnen, Wasserstrudel, Baumscheiben, Sonnensysteme, Galaxien, die Iris in unserem Auge, Räder, heilige geometrische Formen ...

Die Grundsubstanz aller Dinge, das Atom, ist rund. Es ist nicht starr, sondern lebendig; es dreht sich, schwingt, rotiert. Dies ermöglicht das Wachstum, die permanente Weiterentwicklung sämtlicher Materie. Machen Sie sich bitte bewusst, dass auch Ihre Hand, die gerade dieses Buch hält, aus lauter schwingenden Atomen besteht, die durch ihr Schwingen und ihre Bewegung die Lebendigkeit und Einzigartigkeit der Hand aufrecht erhalten.

Alles schwingt und ist in Bewegung, von der unsichtbaren Luft bis zum massiven und deutlich sichtbaren Felsen. Ebenso sind auch Farben nichts anderes als Schwingungen, die bestimmte Wirkungen hervorrufen.

In allen Kulturen und zu allen Zeiten hatte die Form des Kreises eine besondere Bedeutung. Jeden Tag durchlaufen wir den Zyklus von Morgen, Mittag, Abend und Nacht. Unser ganzes Leben verläuft in ewig wiederkehrenden Zyklen ...

Durch die Meditation mit Mandalas können wir zu Ruhe, Harmonie, Frieden und Selbsterkenntnis finden und an der kosmischen Ordnung teilhaben. Der Mittelpunkt des Mandalas symbolisiert das ewige Licht, den Funken Gottes, die ursprüngliche Essenz, die in allen Dingen steckt.

Dieses Zentrum entfaltet sich und strahlt in verschiedenen Formen, Farben und Schwingungsebenen. Jeder Ring des Mandalas steht für einen Lebensabschnitt und spiegelt alle Höhen und Tiefen, Freuden und Leiden wider. Die spirituelle Essenz, der Funke Gottes im Zentrum, wird davon jedoch nicht berührt. Das Zentrum selbst kann nicht beeinflusst oder gar zerstört werden und sendet heilende, erneuernde Schwingungsmuster aus.

Auch der Mensch trägt diese Essenz in seinem Inneren, und es ist ihm möglich, diese auf harmonische Weise, zum

Beispiel durch seine Gedanken und Gefühle, zu entfalten. Die Visualisation eines Mandalas, das durch den Raum schwingt und kreist, harmonisiert, reinigt und klärt die Atmosphäre. Kurz nach der Meditation empfinden wir Ruhe, der Ton verändert sich, und die Lage klärt sich. Probieren Sie es aus!

Übung:

Entspannen Sie sich, indem Sie die Hand auf Ihren Bauchraum legen und die Aufmerksamkeit auf Ihren Atem lenken. Lassen Sie diesen sanft ein- und ausströmen, und bemerken Sie, wie Sie beginnen loszulassen, zu entspannen und ganz zu sich, zu Ihrer eigenen Essenz zurückzukehren. Spüren Sie, wie die Energie ganz von selbst tiefer in Ihren Bauchraum hineinfließt. Spüren Sie, wie die Anspannung, in der Sie sich eben noch befanden, abfällt und Sie ganz zu sich selbst kommen.

Bleiben Sie während der folgenden Imaginationsübung ruhig, zuversichtlich und entspannt. Lassen Sie nun vor Ihrem geistigen Auge ein schönes Mandala entstehen. In welchen Farben erscheint es? Wie sieht es aus?

Beginnen Sie nun, das Mandala durch den Raum rotieren zu lassen. Vielleicht erscheint es anfangs noch in dunklen Farben und disharmonischen Mustern. Lassen Sie es durch den Raum rotieren. Stellen Sie sich vor, wie alle disharmonischen Frequenzen durch das Licht im Zentrum des Mandalas aufgelöst werden. Harmonische Muster entstehen, und das Mandala wird immer heller, klarer, ruhiger und strahlender. Halten Sie diese Vorstellung so lange, bis das Mandala klar leuchtend und ruhig vor Ihnen erstrahlt. Nun können Sie gewiss sein: „Es ist getan. Gottes Licht wirkt jetzt."

Lassen Sie das Bild los, und machen Sie sich nun an die vor Ihnen liegende Aufgabe. Je nachdem, wie „verschmutzt", also unruhig oder beängstigend die Atmosphäre vor der Übung war, werden Sie sehr bald merken, dass sich nach einiger Zeit tatsächlich einiges klärt und beruhigt und dass die gesamte Atmosphäre – ohne dass Sie auch nur ein Wort gesagt haben – sich harmonisch und friedlich anfühlt.

„Frieden beginnt in uns selbst."
Dalai-Lama

Hotelzimmer – eine Oase der Kraft

„Wer einen heiligen Raum schafft,
kann sich immer wieder selbst finden
und ausrichten."
Joseph Campbell

Wenn wir auf Reisen sind, finden wir uns in fremden Räumen wieder. Wir nächtigen in Zelt, Wohnwagen, Hotelzimmer oder Ferienapartment. Wir können diese Räume, die uns für einen bestimmten Zeitraum zur Verfügung stehen, energetisch so ausrichten, dass sie uns während dieser Zeit guttun und zu einer Oase der Kraft für uns werden.

Dazu möchte ich an dieser Stelle ein paar Hinweise aus eigener Erfahrung geben: Auch wenn Sie ein Zimmer nur für eine Nacht bewohnen, nehmen Sie sich Zeit, ganz bewusst anzukommen und den Raum zu segnen.

Es gibt Instandräucherungen (zum Beispiel papier d´armenie) und Raumsprays, die alle Gerüche und Eindrücke eines Raumes neutralisieren und ihn energetisieren. Sie helfen, eine Wohlfühlatmosphäre zu schaffen, in der man sich entspannen kann.

Die erste Übung, die ich vorschlage, ist die Reinigung mit der violetten Flamme.

Es ist eine sehr kraftvolle Übung:

Reinigung mit der violetten Flamme

Der menschliche Körper ist Energie, Vitalität und Geist – einer beständigen Wandlung unterworfen, die er durch die violette

Flamme positiv und erhebend gestalten kann.

SAINT GERMAIN

Übung:

Suchen Sie sich in dem Raum einen Platz, der Ihnen gut gefällt, und entspannen Sie sich. Lassen Sie Ihren Atem ein- und ausströmen, und schauen Sie sich in aller Ruhe um. Lassen Sie Ihren Blick schweifen, öffnen Sie sich für die speziellen Energien. Wenn Sie bereit sind, schließen Sie die Augen.

Bitten Sie die Lichtwesen, Engel oder Hüter der violetten Flamme der Umwandlung in den Raum. Stellen Sie sich vor, wie die violette Flamme in diesem Raum zu leuchten, zu strahlen und zu funkeln beginnt. Beobachten Sie das Licht. Ist es dunkel oder hell, groß oder klein, leuchtend oder matt?

Nun können Sie folgendes Mantra sprechen:

„Violette Flamme, lodere, lodere, lodere in, durch und um jedes Elektron, verwandle jede disharmonische Schwingung in Licht, bis alles dem göttlichen Plan entspricht."

Dieses Mantra kann in verschiedenen Tonhöhen, Geschwindigkeiten und Lautstärken gesprochen werden, damit so alle Ebenen des Ortes gereinigt werden.

Lassen Sie in Ihrer Vorstellung die Flamme stärker werden und stellen Sie sich vor, wie jede negative, dunkle Schwingung in diesem Raum in gleißendes Weiß verwandelt wird. Wenn die Flamme ruhig, hell und strahlend leuchtet, ist die Aufgabe erledigt.

Sie werden schon bald spüren, dass sich die Energie in diesem Raum verändert hat.

Der Taschenaltar

Der Altar ist ein Ort, an dem die innere Welt
mit der äußeren verschmilzt.
Hier öffnet sich die Materie dem Geiste,
und der Geist füllt die Materie mit Essenz.
Wir können die Verbindung mit allem spüren
und schaffen eine Lücke, durch die der universelle Geist
in unserem Leben tanzen kann.

Jeder Raum kann in einer ganz besonderen Atmosphäre erstrahlen, wenn wir uns ihm öffnen.

Auf meinen Reisen habe ich immer ein kleines Beutelchen dabei, in dem Gegenstände enthalten sind, die mir Kraft geben, und mit denen ich untrennbar verbunden bin.

Wenn ich in meiner Unterkunft ankomme, suche ich mir einen geeigneten Platz, meistens in der Nähe meiner Schlafstätte, und baue mir einen kleinen Altar auf. Jeder von uns hat seine persönlichen Kraftgegenstände, die ihm helfen, sich wieder auf die geistige Essenz auszurichten. Es ist, als ob ich an diesem Ort das geistige Feuer entfachte, mich dem Göttlichen öffnete und mich bewusst mit dem verbinde, was ich liebe und womit ich innerlich stets in Kontakt bin (zum Beispiel meinem Partner, meinen Kindern, Freunden, Tieren ...). Es ist, als ob ich ein Stück Heimat bei mir hätte. Da ich mich verbunden fühle, fehlt mir nichts, und ich kann mich ganz dem Ort widmen, an dem ich jetzt gerade bin.

Meistens finde ich an einem Ort Dinge, wie eine besonders schöne Blüte oder einen außergewöhnlich geformten Stein, die ich dann für die Zeit, die ich an dem Ort bin, mit auf den Altar lege und vor der Abreise wieder an den Ort zurückgebe. So fühle ich mich angeschlossen an die Kraft, die mich trägt.

Solch ein Altar wirkt wie ein Fokus, durch den ich in der Anbindung bleiben kann und nicht durch unnötige Dinge abgelenkt werde. Abends, vor dem Zubettgehen, und morgens, nach dem Aufwachen, hilft mir dieser kleine Ort, mich auszurichten und anzubinden. Wenn ich mich in seiner

Nähe zum Meditieren hinsetze, erfahre ich, was für diesen Tag wichtig ist. Ich sende meine guten Gefühle zu meinen Liebsten und halte Zwiesprache mit Gott und den Engeln.

„Wo man die Heiligkeit einlädt, wird etwas Heiliges entstehen, wo Heiliges fehlt, da wird nichts Heiliges entstehen."

Der Altar kann aus folgenden Gegenständen bestehen:

- kleines Tuch in einer bestimmten Farbe (siehe Farbbedeutung im Anhang)
- Kerze mit Halterung
- Bilder von unseren Liebsten, Engeln ...
- Figur, die wir lieben (zum Beispiel die eines Engels)
- Kristall, Rosenquarzherz (oder ein anderer Stein)
- ein Wort, ein Gedanke, eine Affirmation, die für den momentanen Lebensabschnitt wichtig ist
- ein Symbol
- ein Duft
- Karten
- kleines Notizbuch mit Stift für meine Träume und Eingebungen
- Dinge, die einen mit den Liebsten verbinden (zum Beispiel Ehering, Stofftier ...)
- ein Geschenk für den Ort, an den man reist ...

Bevor Sie auf die Reise gehen, schauen Sie sich um. Was gibt Ihnen Kraft? Mit welchen Dingen sind Sie zutiefst verbunden? Was tut Ihnen gut? Was lässt Ihr Herz aufgehen und „singen"? Packen Sie diese Gegenstände in ein kleines Tuch oder einen Beutel – und fertig ist der Taschenaltar.

Dazu eine kleine Geschichte. Meine Tochter war gerade drei Jahre alt, als ich meine Flugbegleitertätigkeit wieder aufnahm. Ich hatte einen Flug nach Chicago. Als ich im Hotelzimmer ankam, baute ich mir meine „Oase des Herzens" auf. Zu meinem Taschenaltar gehörte selbstverständlich ein

Foto meiner Tochter. Bevor ich zu Bett ging, betrachtete ich ihr Bild, hüllte sie mit meiner Liebe ein und nahm sie mit in mein Gebet. In der Nacht erwachte ich und hörte sie rufen und weinen. Ich war verzweifelt, weil mir plötzlich bewusst wurde, dass der Nordatlantik und mehr als zwanzig Flugstunden zwischen uns lagen.

Ich bat meine Engel um Hilfe und bekam die Antwort: „Tue genau das, was du jetzt zu Hause tun würdest." Also nahm ich meine Tochter im Geist in die Arme, tröstete sie, wiegte sie sanft hin und her und gab ihr meine ganze Liebe. Ich hüllte sie in das rosa Licht meines Herzens und konzentrierte mich auf Schutz und Kraft. Im Geiste sah ich, wie sie sich beruhigte und sich ihr Schutzfeld wieder aufbaute. Ich sagte ihr noch, dass ich sie sehr lieb habe. Das Bild begann zu verblassen und ich fühlte, dass alles wieder gut war.

Am nächsten Tag traten wir den Rückflug an. Zu Hause angekommen, erfuhr ich, dass Ihr genau in dem Moment, in dem ich sie gehört hatte, eine schwere Platte auf den Fuß gefallen war und sie nach mir gerufen hatte. Ich ging zu ihr, nahm sie in die Arme und entschuldigte mich dafür, dass ich nicht da gewesen war. Sie schaute mich mit großen Augen an und sagte: „Mama, du warst doch da."

Dies hat mich sehr tief berührt, und ich wurde mir der Kraft der Liebe bewusst, die jenseits von Raum, Zeit und Erscheinung wirkt.

„Wir reisen nicht nur an andere Orte, sondern vor allem reisen wir in andere Verfassungen der eigenen Seele."
WERNER BERGENGRUEN

Der dritte Tag – Umstellung der Seele

Ich bin da - Ich bin da - In der Zufriedenheit
LIEDTEXT

Man sagt, dass sich am dritten Tag einer Reise die Seele umstellt. Nachdem man „äußerlich" längst angekommen ist, kommt man nun auch langsam innerlich an und fühlt sich, als würde man aus einem Traum erwachen.

Dieser „Brückentag" ist meist mit innerer Unruhe, Müdigkeit, hoher Empfindlichkeit oder Unwohlsein verbunden, sodass man äußerst gereizt reagiert. Bewusst oder unbewusst hat man viel mit sich, mit seinem Inneren zu tun. Wenn man als Paar oder in Gruppen unterwegs ist, kann es an diesem Tag zu Reibungen, Streitereien und Auseinandersetzungen kommen, die unter Umständen die gesamte gemeinsame Reisezeit mit einem dunklen Unterton färben könnten.

Von daher ist es ratsam, sich am dritten Tag etwas zurückzuziehen, einen „ruhigen" Tag einzulegen, in der Natur zu sein, die Seele baumeln zu lassen und ihr so zu ermöglichen, ganz und gar am Reiseort anzukommen.

Hier ein paar Tipps, wie man der Seele Raum und Zeit für die Umstellung geben kann:

- Planen Sie von vornherein für den dritten Tag einen Ruhe- oder Einkehrtag ein.
- Gehen Sie in der Natur, tun Sie etwas, das Ihnen Freude bereitet, bei dem Sie „ganz dabei" sind, aber nicht unbedingt voll aktiv sein müssen. Hauptsache: Die Seele hat Zeit, richtig anzukommen!

- Wenn Sie eine Gruppe leiten, sollten Sie diesen Tag – um Streitigkeiten zu vermeiden – unbedingt als einen „Pause-tag" einplanen und vielleicht einen kleinen Ausflug an einen schönen Ort ins Auge fassen.
- Bitten Sie Ihren Schutzengel, Ihnen zu helfen, gut mit dieser Umstellung fertig zu werden.
- Folgen Sie Ihrer Seele. Ruhen Sie sich aus, wenn Ihnen danach ist.
- Seien Sie nachsichtig mit sich, Ihren Partnern, Kindern, Rei-sebegleitern – auch diese haben am dritten Tag mit sich zu „kämpfen".
- Für einen Reiseleiter ist es gut, schon zwei bis drei Tage vor seiner Gruppe am Urlaubsort zu sein, denn so hat er seinen „Brückentag" schon hinter sich, wenn die Gruppe an-kommt.

Jetlag – und wie man ihn schnell überwindet

Die Liebe, sie kennt keine Zeit –
sie leuchtet aus der Ewigkeit.
Drum ist es wichtig, das Herz zu öffnen,
sich zu verbinden mit dem neuen Ort –
erkenne die Schönheit und Wunder dort.
Ist dein Herz offen,
kann es einen neuen Rhythmus fühlen
Zeit und Raum –
sie können es nicht mehr aufwühlen.
Die Engel und Elfen sie werden dir sicher dabei helfen.
JEANNE RULAND

Ein Jetlag tritt nach Langstreckenflügen bzw. nach dem schnellen Überfliegen mehrerer Zeitzonen auf und äußert sich durch eine Störung im Schlaf-Wach-Rhythmus.

Das Gefühl für die Zeit, für Tag und Nacht ist gestört, der natürliche Zyklus des Körpers, die „innere Uhr" ist nicht mehr synchron; hinzu kommt die Irritation durch unterschiedliche Klimazonen oder Magnetfelder.

Dies kann zu körperlichen, energetischen und psychischen Störungen, wie z.B. Konzentrationsschwäche, allgemeiner Lustlosigkeit, Stimmungsschwankungen, Appetitlosigkeit oder ständiger Müdigkeit führen ...

Ausschlaggebend für die Intensiät eines Jetlags ist die Flugrichtung: Flüge in Richtung Osten lösen meist ein stärkeres Jetlag aus als die nach Westen. Menschen, die viel reisen, entwickeln mit der Zeit ihre eigenen Strategien und Wege, mit der Zeitumstellung umzugehen. Aus meiner langjährigen Erfahrung möchte ich hier folgende Tipps geben:

- Stimmen Sie sich auf das neue Land mit Bildern, Büchern und Berichten ein und schwelgen Sie in Tagträumen, in denen Sie bereits am Urlaubsort sind.

- Trinken Sie viel Wasser, das sie vorher mit Lebensenergie, Vitalität und Erneuerung segnen.

- Vermeiden Sie, soweit es möglich ist, Schlafmittel, Alkohol und Kaffee, also all das, was Ihr Energieniveau künstlich beeinflussen könnte.

- Helles Licht beeinflusst unsere innere Uhr. Daher ist vor allem – neben bequemer Kleidung, Nackenstütze, einer guten Feuchtigkeitscreme und Entspannungsmusik – eine Schlafmaske ein wichtiges Hilfsmittel, um auf einem langen Flug zur Ruhe – und somit einigermaßen entspannt am Zielort anzukommen.

- Vor der Landung können Sie Ihren Körper mit kleinen Dehnübungen fit machen.
- Bei extrem langen Flügen, wie z.B. nach Hawaii oder Neuseeland, empfiehlt es sich, ein- bis zweitägige Zwischenaufenthalte einzuplanen.

Verhalten am Zielort:
- Stellen Sie Ihre Uhr auf Ortszeit und versuchen Sie, Ihren Körper auf die entsprechende Tageszeit einzustimmen bzw. anzupassen. Zwingen Sie ihm jedoch nichts auf. Wenn sie sehr müde sind, schlafen sie etwas und machen Sie dann im jeweiligen Tagesrhythmus weiter.
- Reden Sie mit ihrem Körper wie mit einem Freund , und erklären Sie ihm die neuen Gegebenheiten. Das hilft ihm, sich schneller auf den neuen Rhythmus einzustellen.
- Früher war man der Meinung, dass der Körper pro Stunde Zeitumstellung einen ganzen Tag braucht, um sich zu akklimatisieren. Heute geht man davon aus, dass er sich schon nach ein bis zwei Tagen an die Umstellung gewöhnt haben müsste. Auf jeden Fall sollten Sie sich für die ersten Tage nicht allzu viel vornehmen – das ist vor allem zu bedenken, wenn Sie für wichtige Geschäftstermine oder Besprechungen verreisen.
- Erkundigen Sie erst einmal die nähere Umgebung, damit Sie das Land kennenlernen und somit etwas Sicherheit gewinnen.
- Halten Sie sich in den ersten Tagen möglichst oft und lange im Freien auf, damit sich der Körper schneller an die Licht-Dunkel-Verhältnisse – und somit den neuen Rhythmus gewöhnen kann. Dabei sind „leichte" Sportarten, die nicht so viel Kraftaufwand benötigen, empfehlenswert. Naturkraftplätze,

wie beispielsweise Quellen, schöne Bäume oder auch Steine unterstützen uns dabei. Wenn Sie Kinder bei sich haben, verbringen sie einfach viel Zeit draußen, am Wasser, in der Natur. Kinder stellen sich gewöhnlich erst innerhalb von drei Tagen um.

- Trinken Sie viel Wasser; Elektrolyte helfen, unseren Energiehaushalt in den Griff zu bekommen.

- Essen Sie die landesüblichen Speisen, besonders aber Obst und Gemüse; dies hilft dem Körper, dem Geist und der Seele, sich zu öffnen und auf das Gastland einzustimmen.

- Freude am Entdecken der Schönheit des neuen Landes hilft uns, schneller dort anzukommen. Nehmen Sie erste zarte Kontakte auf mit den Menschen die dort leben, gehen sie an besonders schöne kraftvolle Orte in der Nähe. An diesen Orten kann man Kraft tanken, ohne sich auch nur im Geringsten anstrengen zu müssen – diese Orte geben sise ganz von allein.

- Nehmen sie am Abend der dortigen Zeit ein warmes Bad.

- Es gibt homöopathische Mittel, wie Coccolus (Niedrigpotenz drei mal täglich 5 Globoli) oder JetlagTabletten, bestehend aus Arnika, Bellis, Chamomilla, Ipecacuanha und Lycopodium, die uns helfen, besser mit der Zeitumstellung fertig zu werden. Allerdings sollten homöopathische Mittel in Folie eingewickelt werden, da sie durch die Strahlung, der sie während eines Fluges ausgesetzt sind, in ihrer Wirkung beeinflusst werden. Im Bereich Aura-Soma können Sie sich mit einer Quintessenzflasche Angelica und Orion helfen, indem Sie sie in Ihre Aura fächeln.

- Öffnen sie sich dem Ort mit ihrem Herzen. Dabei hilft Ihnen auf der inneren Ebene rosa und goldenes Licht. Bitten Sie Ihre Engel, Sie zu führen und Ihnen zu zeigen, was für Sie wichtig ist, um diese ersten Tage zu meistern.

- Verbinden Sie sich mit Himmel und Erde. Stellen Sie sich vor, wie das Sonnenlicht durch Sie hindurch in die Erde fließt und wie die Kraft der Erde durch Ihren Körper hindurch in den Himmel strömt. Sehen Sie sich – verbunden mit dem Himmel und fest in der Erde verwurzelt – in Ihrer eigenen Mitte stehen. Wenn Sie diese Imaginationsübung regelmäßig morgens uns abends machen, wird sie Ihnen helfen, schneller anzukommen.

- Weitere Möglichkeiten, den Jetlag zu überwinden, sind Singen, Intonieren sowie verschiedene Yoga- und Atemübungen.

- Wenn Sie nach drei Tagen immer noch an den Nebenwirkungen des Jetlags leiden, suchen Sie lieber einen Arzt auf – nicht nur in den Tropen können Nahrungs- und Flüssigkeitsmangel aufgrund von Appetitlosigkeit gefährlich werden.

Fremde Länder – fremde Sitten

Bewegen Sie sich vom Bekannten zum Unbekannten.
Lernen Sie zuerst in einem kleinen Rundgang
die nähere Umgebung kennen,
und prägen Sie sich markante Punkte ein.
Nehmen Sie sich Zeit. Öffnen Sie sich für die innere Sicht.

Wie bereits erwähnt, ist es gut, sich einem neuen Ort besonders mit dem Herzen zu öffnen. Schauen Sie sich zunächst einmal in Ihrer näheren Umgebung um. Machen Sie einen kleinen Rundgang. Nehmen Sie sich Zeit, setzten Sie sich hin und lassen Sie Land und Leute auf sich wirken. Lauschen Sie nach innen!

- Welchen Eindruck macht der Ort, an dem Sie sich befinden?
- Was finden Sie besonders schön?
- Was tut ihnen gut an diesem Ort? Was möchten Sie näher erkunden?
- Was möchten Sie meiden?
- Gibt es etwas an diesem Ort, was Sie besonders anzieht oder zu „rufen" scheint?

Schließen Sie für einen Moment die Augen, und schauen Sie, welche inneren Bilder entstehen. Bitten Sie Ihre Engel, Sie zu führen.

Wenn wir am ersten Tag etwas Zeit damit verbringen, uns dem Ort zu widmen und unser Herz für ihn zu öffnen, werden wir schnell neue Erfahrungen machen können. Wenn wir nach innen lauschen, kann uns eine tiefe Weisheit jenseits der Sprache leiten und führen.

Kleine Übung mit Mutter Natur

Ziehen Sie einmal am Tag Ihre Schuhe und Socken aus und stellen Sie sich drei bis fünf Minuten auf Mutter Erde. Lassen Sie Ihre Hände und Füße mit Erde, Sand, Gras oder Wasser in Berührung kommen. Sie können sich auch direkt ganz auf Mutter Erde legen und spüren, wie Sie von ihr getragen werden. Wenn Sie regelmäßig mit den Elementen in Kontakt treten, werden Sie sicher bald in der Lage sein, sich mit Mutter Erde und ihren Wesen auf geistiger Ebene auszutauschen. Sie werden immer mehr das Bewusstsein haben, dass Sie getragen, geborgen und beschützt sind.

Wie Plätze und Orte sich uns öffnen

*„Jeder Platz
hat seinen Schatz,
jeder Ort
seinen Hort."*

DEUTSCHES SPRICHWORT

Auf der Erde gibt es viele heilige Plätze, kosmische Tore und Lichtbrennpunkte, Tempel, Kapellen und Quellenheiligtümer, Grabfelder und Hügel, Steine und Steinformationen, Höhlen und Plätze, an denen Götter, Heilige und Engel erschienen. An solchen Orten gelingt es besonders leicht, in Kontakt mit den geistigen Energien zu treten, weil die Kraft besonders lichtdurchflutet und aufgeladen ist. Man kann förmlich beobachten, wie sich das Schwingungsfeld eines Menschen verändert, wenn er einen besonderen Raum betritt.

Heilige Orte, sind Plätze, an denen göttliche Macht, menschliche Verehrung und Erdkräfte zusammentreffen. Himmel und Erde vereinigen sich und werden eins.

So hatte ich einmal am Arunachala, einem Berg in Indien, von einem Augenblick zum anderen ein ganz intensives Gefühl von Stille und wurde von einer solch tiefen und friedvollen Freude erfüllt, dass ich mich noch heute, sogar in ganz alltäglichen oder hektischen Situationen, ganz genau daran erinnern kann. Auch die Gegenwart von Meistern und Gurus erfüllt uns oft mit einem tiefen Frieden. In einem solch besonderen Kraftfeld verändern wir uns möglicherweise augenblicklich und erleben eine Öffnung oder Loslösung, die wir andernorts nicht so einfach finden. Das Herz beginnt zu singen. Wir treten ein in neue Räume des Bewusstseins, und ein Lichtstrahl fällt in unser Inneres.

Die Natur ist heilig, und neben den großen Lichtbrenn-punkten unserer Erde gibt es viele kleine Kraftfelder und besondere Orte, die uns erfüllen. Wenn wir die Seele eines Ortes mit unserer Seele berühren, unser Herz für seine Besonderheiten öffnen, so wird er uns seine geheimen Schätze offenbaren.

Die Art und Weise, wie wir diese heilige Verbindung herstellen, kann ganz individuell variieren. Wir können uns einen Platz suchen und still werden, an dem Ort meditieren, ein Gebet sprechen oder in der Zurückgezogenheit unsere Engel fragen, wie wir in Kontakt mit der heiligen Essenz eines Ortes treten können. Sie werden uns Hilfe und Zeichen senden!

Ein Ort öffnet sich uns, wenn wir diesen Wunsch in unserem für den Platz geöffneten Herzen spüren. Wir können auf der inneren Ebene mit dem Ort kommunizieren und ihn fragen, ob er uns hereinlassen möchte. Jeder Ort hat seine Hüter und Wächter. Wenn wir anfangen, uns dessen bewusst zu werden, werden wir diese erkennen. Es können besondere Felsformationen sein, Bäume die gemeinsam ein Tor bilden, Menschen die einen Ort hüten und mit ihm leben. Wir können die Hüter und Wächter, in welcher Form auch immer sie uns begegnen, um Erlaubnis bitten und den Ort danach mit Achtung und Respekt betreten. Oder wir legen eine Gabe an den Ort und verweilen, bis er sich öffnet.

Auf diese Weise habe ich schon wunderbare Erfahrungen gemacht: Ich wurde an eine heilige Quelle geführt, fand geheime Wege und Schätze, die abseits der touristischen Trampelpfade lagen, oder fand unvermutet einen Platz in der Natur, an dem ich sicher und geborgen nächtigen konn-te ...

Mir wurden in der Cheopspyramide Kammern gezeigt, von denen ein Tourist normalerweise nichts erfährt, ich war ganz allein mit dem Hüter dieses Ortes im Raum und erlebte Unglaubliches Solche Momente, in denen wir eine Vereinigung mit einer höheren Bewusstseinsform erfahren, öffnen unseren Blick, erweitern das Bewusstsein, und eine tiefe Dankbarkeit für jenes überwältigende Gefühl, getragen zu werden, erfüllt das Herz.

Zusammenfassend möchte ich Folgendes festhalten:

- Überlegen Sie sich, was Sie von Gästen erwarten, die sich in Ihrer Wohnung aufhalten. Verhalten Sie sich genauso in der Natur!
- Bitten Sie zunächst um Einlass, und warten Sie auf ein Zeichen. So haben Sie genug Zeit, sich mit der Energie eines Ortes zu harmonisieren.
- Achtsamkeit, Stille, Freude und Aufrichtigkeit öffnen das Tor der Herzen füreinander.
- Lassen Sie sich Zeit, und halten Sie Innenschau.
- Folgen Sie Ihrer Intuition. Schauen Sie, wohin Sie gezogen werden, was Sie anzieht.
- Bitten Sie Ihre Engel, Sie zu führen.
- Seien Sie aufmerksam und offen für Zeichen und Botschaften an einem Ort – egal, ob innere oder äußerlich wahrnehmbare.
- Da man – da die Energie an einem Ort missbraucht oder gestört sein kann – nicht nur Schönes in der Natur erleben kann, sollten Sie auf Ihre Intuition vertrauen. Fühlen Sie sich auf irgendeine Weise unwohl, verlassen Sie den Ort so schnell wie möglich!
- Andererseits muss nicht alles, was Sie an einem Ort als dunkel

und negativ empfinden, auch tatsächlich so sein. Möglicherweise harmonieren Sie einfach nicht mit den dort herrschenden Schwingungen. Dies kann vor allem der Fall sein, wenn die Energie an einem Ort besonders hoch schwingt. Es gibt Hüter und Helfer, die einen Ort schützen und Besucher spüren lassen, dass Sie nicht willkommen sind. Sie können sich – nach gründlicher Prüfung – zu einem späteren Zeitpunkt – durchaus freundlich und wohlwollend öffnen ... Sie sollten mit Ihren Beurteilungen achtsam sein, anerkennen, was ist und sich dementsprechend verhalten.

- Geben Sie der Natur immer etwas zurück, oder erweisen Sie ihr beispielsweise dadurch Ihre Achtung, dass Sie Ihren Abfall mitnehmen bzw. aufsammeln, was andere vor Ihnen hinterlassen haben ...

Wir müssen nicht glauben, dass alle Wunder der Natur nur in anderen Ländern und Weltteilen seien. Sie sind überall. Aber diejenigen, die uns umgeben, achten wir nicht, weil wir sie von Kindheit an täglich sehen.
JOHANN PETER HEBEL

Die Nahrung segnen

Wenn meine Seele genährt ist, bin ich heil.
Indem wir die Nahrung segnen, nähren wir die Seele.

Wenn wir in fremden Ländern Nahrung zu uns nehmen, kann es sein, dass unser Körper mit Verstimmung reagiert, weil wir bestimmte Gewürze oder Zutaten nicht gewohnt und sie unserem System nicht zuträglich sind.

Durch das Segnen der Speisen und Getränke werden wir uns der Nahrung, die wir zu uns nehmen, bewusst und können ihre Energie so verändern, dass sie für uns bekömmlicher wird. Wir stimmen uns auf die Nahrung ein und merken meist schon beim Segnen, ob wir sie tatsächlich zu uns nehmen wollen.

- Auch hier gilt: Beachten Sie die Hinweise und Empfehlungen bezüglich der landestypischen Nahrungsmittel in Ihrem Reiseführer.
- „Tasten" Sie sich langsam vor, und probieren Sie erst einmal, was Ihnen bekannt vorkommt; danach können Sie Neues ausprobieren.
- Wenn Sie Nahrung kaufen, können Sie über Ihren Körper austesten, ob die Nahrung Ihnen zuträglich ist.
- Bevorzugen Sie die Gaststätten, die Ihnen mehrmals empfohlen werden und in denen auch die Einheimischen essen.
- Bitten Sie auch hier die Engel um Führung, und vertrauen Sie auf Ihre Intuition: Fühlen Sie beim Betreten einer Gaststätte ein „Nein", sollten Sie dort auch nichts essen.

Segnung der Speisen:

1. Halten Sie Ihre Hände über die Nahrung.
2. Bitten Sie um den Segen, und konzentrieren Sie sich auf ihn.
3. Vielleicht spüren Sie ein Kribbeln, Wärme oder einen Energiestrom, der zu fließen beginnt.
4. Lassen Sie diesen Strom so lange fließen, bis er langsam verebbt.
5. Bedanken Sie sich in dem Bewusstsein, dass „es getan" ist.

Die Nahrung kinesiologisch austesten:

Der kinesiologische Selbsttest ist eine schnelle, unauffällige, kostenlose, leicht anwendbare Möglichkeit, Nahrungsmittel, Speisen, Getränke, und ähnliches für sich selbst auszutesten. Die Antwort gilt nur bezogen auf die eigene Person und den Augenblick. Wenn für die eigene Person ein „Nein" kommt, kann die Nahrung, der Platz, die Energie, ... trotzdem einwandfrei und für einen anderen Menschen durchaus aufbauend sein.

1. Visitest (am Beispiel von Nahrungsmitteln):

1. Die Speise (Obst, Gemüse, Kuchen ...), bei der man sich nicht sicher ist, ob sie gut ist, genauer begutachten.

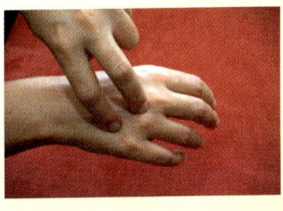

2. Den Zeige- und Mittelfinger der linken Hand auf den rechten Handrücken drücken.

3. Wiedersteht die rechte Hand dem sanften Druck der linken, bedeutet dies »Ja«, »Gut«, »Richtig«. Gibt die Hand dem Druck nach, bedeutet dies „Nein", „Schlecht für mich", „Falsch."

Sie können es vorab einmal ausprobieren, indem Sie einmal an etwas denken, was Ihnen guttut, und danach an etwas, was Ihnen gar nicht bekommt.

2. Kinesiologischer Selbsttest

1. Haken sie Daumen und Zeigefinger an beiden Händen wie eine 8 zusammen.

2. Denken Sie nun an eine wohltuende Situation oder einfach an „Ja" und versuchen Sie, die verhakten Finger ruckartig auseinanderzuziehen. Sie haben Kraft und können die Energie und den erzeugten Widerstand halten, die 8 bleibt bestehen. Bei negativen Gefühlen und Gedanken können Sie die Energie nicht halten und die eingehakten Finger lösen sich.

Zeichen am Weg –
wie Engel uns antworten

„Wie willst du die Fähigkeit, zuzuhören,
bewahren, wenn du niemals zuhörst?"
DAG HAMMARSKJÖLD

Betrachten Sie Ihre Umwelt als Spiegel Ihrer Seele. Wenn Sie einen Hinweis, eine Antwort oder ein Zeichen brauchen, können Sie Gott und die Engel um Hilfe bitten. Dies kann auf sehr unterschiedlichen Wegen geschehen, die ich hier kurz skizzieren möchte, um Sie für diese Wege und Möglichkeiten zu öffnen.

Wenn wir die Engel bitten, so kann die Antwort oft prompt, auf sehr überraschende und praktische Weise kommen; es kann aber auch mehrere Tage dauern, bis wir eine Antwort erhalten – je nachdem, wie entspannt und offen wir für sie sind. Es muss nicht immer eine Eingebung sein – Engel können uns auf verschiedenen Wegen antworten, und zwar durch:

1. Signale unseres Körpers
2. Aufkleber auf Autos und Lastwagen
3. Baustellen, Schilder und andere Hinweise
4. Plakatwände
5. Fernseh- und Radiobotschaften
6. Bücher und Zeitschriften
7. Ähnlichkeitsprinzip
8. Tiere, Pflanzen und Menschen, die wir auf unserem Weg treffen
9. Zahlen, Farben & Symbole (siehe Anhang)
10. Träume (siehe Kapitel Traumbotschaften)

1. Signale unseres Körpers

Ein unmissverständlicher und stets zur Verfügung stehender Ratgeber ist unser Körper. Er reagiert auf und agiert mit unserer Umwelt und sendet und empfängt in jeder Sekunde Zeichen und Signale.

Wir sehen eine Person und empfinden Freude, Glück, Ablehnung, Anerkennung oder verdrehen innerlich die Augen ... Wir haben ein Gespräch und fangen an zu schwitzen und unser Magen fängt an zu rumoren, die Beine werden schwach. Bei bestimmten Worten unseres Gegenübers wird uns unwohl ...

Da wir unseren Körper immer bei uns haben, ist es gut, ihn als besten Freund zu betrachten, der uns durch seine Reaktionen (Wärme, Kälte, Schweiß, Druck, Anspannung, Entspannung ...) sofort zeigt, ob das, was gerade passiert, gut für uns ist oder nicht, oder ob wir an bestimmten Themen arbeiten müssen, damit wir sie überwinden können.

Oft fällt uns erst im Nachhinein auf, dass wir uns eigentlich von Anfang an in einer Situation nicht so wohl gefühlt haben. Daher ist es ratsam, zu lernen, die Signale unseres Körpers augenblicklich wahrzunehmen und entsprechend zu handeln:

- Druck in der Magengegend kann auf Manipulation hinweisen.
- Entspannung und Freude weisen darauf hin, dass Sie auf dem „richtigen" Weg sind: Die Energie fließt!
- Schwitzen kann auf unbewusste Ängste hinweisen, die gelöst werden wollen.

- Wenn unsere Führung sich bemerkbar macht, spüren wir vielleicht plötzlich eine starke Lichtkraft um uns herum oder bekommen am ganzen Körper Gänsehaut.
- Die Nasenspitze juckt, wenn unser Engel uns sagt: „Hey, hör genau zu, hier bist du richtig!"
- Oder wir fühlen eine Wärme im Rücken, Freude im Herzen, werden plötzlich hellwach, ein Blitz durchfährt uns ... Das sind Signale, die uns zeigen, dass wir mit unserer Führung verbunden sind und dass wir uns der Situation öffnen sollten.

Auch hier gilt, dass die jeweiligen Signale individuell sehr unterschiedlich sein können. Je mehr Sie lernen, auf die Zeichen Ihres Körpers zu achten, desto leichter wird es Ihnen fallen, seine Signale zu entschlüsseln. Konzentrieren Sie sich einfach auf die Anwesenheit Ihres Engels, und spüren Sie nach, auf welche Weise er sich Ihnen gegenüber bemerkbar macht.

„Wenn dein Sprechen nicht wertvoller ist
als dein Schweigen, dann schweige lieber."
Dionysios von Paris

128

2. Aufkleber auf Autos und Lastwagen

Sie glauben gar nicht, wie viele Antworten und Zeichen Sie auf einer Autobahn bekommen können. Das Fahren kann zu einer richtig spannenden Angelegenheit werden und wie ein Energiefluss sein.

Wenn ich beispielsweise zu einem Seminar fahre, frage ich mich schon auf der Fahrt, welche Themen auf mich zukommen, was das Besondere an diesem Seminar sein wird und auf welche Fragen ich mich einstellen könnte. Dann erweitere ich meinen Blick, schaue ganz bewusst und entdecke plötzlich überall Hinweise und Signale.

Ich erinnere mich noch sehr gut an mein zweites Seminar zum Thema spirituelle Meister. Ich fuhr im Auto und fragte mich, ob die Meister mit mir sind.

Da überholte mich ein Auto, auf dem stand „Vertraue, Jesus liebt dich". Ein paar Minuten später fuhr vor mir ein Fahrzeug mit dem Aufkleber „Buddha Touch". Ich sah drei Autos in der Farbe Gold – wann, bitte schön, sieht man goldene Autos? Ein weiteres war mit „Don't worry – be happy!" versehen, und dann fuhr ich an einem Lastwagen vorbei auf dem „protected by angels" (beschützt durch Engel) stand. Nun noch Zweifel? Nein! Das Seminar lief wunderbar. Ich fühlte mich getragen.

Probieren Sie es einmal aus: Stellen Sie eine bestimmte Frage, und machen Sie danach Ihre Augen auf! Sie werden staunen, welche Zeichen Ihnen ins Blickfeld kommen und welche Antworten Sie erhalten werden!

Auch Zahlen und Zahlenkombinationen, die uns besonders auffallen, können Hinweise sein.

3. Baustellen, Schilder und andere Hinweise

Als ich einmal von Österreich aus nach Hause fahren wollte, fiel mir gleich beim Losfahren ein Stoppschild auf; dann hatte ich an der Ampel eine extrem lange Rotphase, und als Nächstes stieß ich auf eine Baustelle. Leicht verärgert folgte ich dem Umleitungsschild – und landete tatsächlich wieder vor dem Haus, an dem ich losgefahren war. Nachdem mein Ärger verraucht war, besann ich mich – denn ich wusste zu genau, dass es kein Zufall sein konnte, dass ich so oft aufgehalten worden war. Ich stieg aus und klingelte noch einmal. Eine Dame kam herausgestürzt und erzählte mir aufgeregt, dass ich meinen Geldbeutel liegengelassen hätte – mit Personalausweis, Krankenkarte, Führerschein, Kredit- und Bankkarte .... Ich muss wohl nicht sagen, wie erleichtert ich war. Die Dame wies mir nun einen anderen Weg, auf dem es weder Baustellen noch Stoppschilder noch rote Ampeln gab ... Wie auf einem Energiestrom wurde ich heimwärts getragen.

Gerade wenn wir es sehr eilig haben, kommen uns oft ein schleichendes Fahrzeug vor uns, eine Umleitung oder eine Baustelle „in die Quere". In solchen Fällen sollten wir uns nicht darüber ärgern, denn ein bekanntes Sprichwort sagt: „Wenn du es eilig hast, mach einen Umweg!"

Es kann sein, dass wir etwas Wichtiges vergessen, übersehen oder nicht bedacht haben. Es kann sogar unserem Schutz dienen, wenn wir vor lauter Eile gar nicht mehr auf den Weg achten. Vielleicht ist gerade auf dieser Strecke eine Geschwindigkeitskontrolle und wir hätten eine saftige Strafe bekommen; oder schlimmer noch: Wir hätten einen Unfall verursacht ... Es kann so viele Gründe dafür geben, dass wir aufgehalten werden. Wenn dem so ist, sollten wir auf alle Fälle einmal tief Luft holen und uns in die Situation hineinfühlen, unsere Engel rufen und uns fragen, ob es etwas gibt, was wir noch nicht bedacht haben. Vielleicht sind wir auf dem Weg, um einen Vertrag abzuschließen, und sollten hierbei einige Punkte noch einmal überdenken.

Sie werden feststellen, dass uns bestimmte Dinge, wie Stoppschilder oder rote Ampeln, nur zu bestimmten Zeiten auffallen und dass es hierfür meistens einen guten Grund gibt. So nutzt es ja beispielsweise nichts, in den Supermarkt zu fahren, wenn unser Geldbeutel zu Hause liegt oder wir einen Termin, den wir fest zugesagt hatten, übersehen haben. Also lieber kurz anhalten und überlegen, als sich später zu ärgern …

Liebe hat alle Zeit der Welt – nur der Teufel hat es eilig …

4. Plakatwände

Wie wunderbar sind doch Plakatwände, die den Wegesrand säumen! Können wir ihre Botschaften in einem anderen Licht betrachten, wenn wir gerade eine Frage haben oder uns etwas beschäftigt?

Parolen wie „Öffne dich", wenn wir überlegen, ob wir neue Menschen kennenlernen möchten. Oder wenn wir gerade über unsere Vergangenheit nachgrübeln und über alles, was uns nicht mehr möglich ist – wie wäre es dann mit dieser Parole: „Mit unbegrenzter Energie in die Zukunft", „Die Zeit im Griff" oder „Einsatz ohne Grenzen"?

Öffnen Sie sich für die Möglichkeit, dass die Engel Ihnen über eine Plakatwand, die Ihnen plötzlich besonders ins Auge sticht, Botschaften senden können.

5. Fernseh- und Radiobotschaften

„Ich werde mich melden, Baby, mach dir keine Sorgen."

Die Eltern einer Freundin machten gerade Urlaub in einem Gebiet, das von einer Naturkatastrophe heimgesucht wurde. Es war keine Verbindung über Telefon möglich, und wir machten uns schreckliche Sorgen. Der Fernseher lief, als wir schließlich die Engel um eine Antwort baten. Plötzlich sagte die Schauspielerin für uns unvermittelt deutlich und laut: „Machen Sie sich keine Sorgen, es ist alles in Ordnung!" Diese Botschaft war mehr als deutlich und bewahrheitete sich, als die Eltern sich kurzer Zeit später meldeten.

Ein befreundetes Paar wünschte sich sehnlich Kinder. Sie baten die Engel, ihnen den Weg zu zeigen, weil es bisher noch nicht geklappt hatte. Eines Tages lief im Radio eine Sendung von Maria Treben*, in der eine bestimmte Tinktur empfohlen wurde. Kurze Zeit später wurde die Frau schwanger.

6. Bücher und Zeitschriften

Frage: „Soll ich meinen Job
für meinen Traum vom Schreiben aufgeben?"
Botschaft von Erzengel Michael
über eine blau-weiße Papierschachtel:
„Fight for your right!" („Kämpfe für dein Recht!")
(St. Mikel)

Maria Treben (1907-1991), österreichische Kräuterkundige und Autorin („Gesundheit aus der Apotheke Gottes"), Spezialistin auf dem Gebiet der alternativen Behandlungsmethoden.

Weitere Botschafter können Zeitschriften, Bücher und andere Schriftstücke sein. Wenn Sie eine Antwort wollen oder einen Rat suchen, bitten Sie Ihre geistigen Helfer. Vielleicht kommt Ihnen gerade ein bestimmtes Buch in den Sinn? Zögern Sie nicht, folgen Sie dem Impuls, nehmen Sie dieses Buch in die Hand, und schlagen Sie es auf!

Eine Bekannte von mir suchte dringend ihre Zeugnisse, weil sie eine Bewerbung verschicken musste, und bat ihre Engel, ihr beizustehen. Sie erinnerte sich an meine Geschichte über Bücher, die helfen können, und zog in ihrer Not wahllos einen Roman aus dem Regal. Sie schlug eine Seite auf und las folgende Worte: „Im Keller in der Kiste wirst du die Munition finden ..." Sie ging in ihren Keller und fand tatsächlich in einer Kiste ihre Zeugnisse.

7. Ähnlichkeitsprinzip

Manchmal treffen wir im Urlaub Menschen, welche die gleiche Kleidung, ähnliche Schuhe oder Symbole wie wir selbst tragen. Diese Menschen haben dann oft – ohne es zu wissen – eine Botschaft für uns. Spätestens dann, wenn wir dieser Person zum dritten Mal begegnen, sollten wir sie ansprechen, denn dann ist es kein Zufall mehr. Finden Sie unbedingt heraus, was sie Ihnen zu sagen hat!

Eine andere Sache ist es, wenn wir eine Person treffen, die uns an jemanden erinnert. Wir sollten uns diese Person genauer ansehen und uns fragen, welchen Eindruck sie auf uns macht. Ist sie fröhlich, traurig, nachdenklich ...? Es kann ein Zeichen dafür sein, dass die betreffende Person an uns denkt, einen lieben Gruß sendet oder versucht, uns zu erreichen. Wir können oft Bestätigung für diese Zeichen finden, wenn wir uns mit der Person, an die wir erinnert werden, in Verbindung setzen.

Oder wenn uns etwas auffällt, was uns an bestimmte Situationen oder Personen erinnert, zum Beispiel ein Auto in einer bestimmten Farbe, das genauso aussieht wie das eines Freundes, ist dies ebenfalls ein Zeichen. Wir sind auf der geistigen Ebene mit allem verbunden, egal, wo wir uns gerade befinden.

8. Botschaften durch Tiere, Pflanzen und Menschen, die wir auf unserem Weg treffen

„Es gibt keine Zufälle
im Universum,
wer auch immer
an Ihre Tür klopft,
hat eine Botschaft für Sie,
Sie mögen es glauben
oder nicht;
lange vorbereitet
sind die Botschaften,
die zu Ihnen kommen.
Manchmal hat unsere Seele
sehr lange auf die Ankunft die-
ser Botschaft gewartet."

JAMES REDFIELD

Meine Freundin unternahm kurz vor ihrer Hochzeit eine Reise und bat währenddessen um ein Zeichen, ob ihr Bräutigam wirklich der Mann fürs Leben sei. Durch „Zufall" lernte sie auf dieser Reise die Geliebte ihres Bräutigams kennen. Damit hatte sich die Frage geklärt.

Vielleicht kennen Sie auch folgende Situation: Jemand spricht zu Ihnen, überbringt Ihnen eine Botschaft, Sie horchen auf, weil es für Sie ganz eindeutig ein Zeichen ist – und wenn Sie dann noch einmal nachfragen, kann die Person sich an nichts mehr erinnern. Nun, das muss sie auch nicht, denn die Botschaft war ja auch nur für Sie gedacht!
Wir alle können ein Kanal für göttliche Energie sein, ob wir uns dessen bewusst sind oder nicht.

Eine Bekannte erzählte mir Folgendes: Sie wollte eine Bergtour machen. Da sie sich aber irgendwie nicht sicher war, welche Route sie wählen sollte, hielt sie nach möglichen Zeichen Ausschau. Ein Rabe mit nur einem Bein tauchte auf. Am nächsten Tag zeigte er sich erneut und als sie die Wanderung antreten wollte, entdeckte sie sogar zwei Raben mit jeweils einem Bein. Sie änderte die Route – und siehe da, auf den geplanten Weg ging eine Steinlawine herab.

Ein Freund von mir hatte sich verlaufen. Er bat seine Führung um einen Hinweis auf den rechten Weg. Es dauerte einige Zeit, aber mit einem Mal wurde er ruhig, gelassen und sicher. Einer der Wege erschien ihm plötzlich strahlender und leuchtender. Er folgte diesem und kam an sein Ziel.

Auf einer Wanderung war der Weg plötzlich zu Ende, und

der in der Wanderkarte eingezeichnete Weg konnte nicht gefunden werden. Eine der Frauen aus der Wandergruppe wurde ganz still und betete um ein Zeichen für den rechten Weg. Nach einiger Zeit fiel ihr ein Baum auf, der mit einem seiner Äste in eine bestimmte Richtung zu zeigen schien. Sie folgte der Richtung und fand den gesuchten Weg schließlich hinter einer wilden Hecke. Ein einfacher Baum war so zum Wegweiser geworden.

Man kann sich in solchen Fällen durchaus auch direkt an die Naturengel und -geister wenden. Sie helfen uns in allen Belangen der Natur.

9. Weitere Bestätigungen der Engel und der geistigen Führung sind:

Wir können gewiss sein, die Engel haben unser Gebet erhört und wir erhalten Hilfe, wenn wir Federn finden.

Federn, Blütenregen, Herzsteine sind Zeichen der Engel. Wenn wir sie um irgendetwas bitten, senden sie uns oft Zeichen in Form von Federn. Aus eigener Erfahrung und durch Berichte von Freunden, Bekannten und Menschen, die ich bei Vorträgen und in Seminaren getroffen habe, kann ich bestätigen, dass immer dann Federn auf dem Weg liegen oder wir Federn geschenkt bekommen, wenn die Engel am Werke sind. Oft zeigt die Anzahl der Federn, die wir finden, nachdem wir die Engel gebeten haben, wie lange die Erfüllung des Erbetenen dauern wird, wie viele Tage wir noch bis zu einem bestimmten Ereignis warten oder wie oft wir eine bestimmte Handlung ausführen sollen.

„Geraten" wir in einen Blütenregen, so steht das für Segen; finden wir Steine, welche die Form eines Herzens haben, sind wir auf dem richtigen Weg, werden geführt, werden Erfüllung finden ...

Musik, Klänge oder bestimmte Töne hören wir manchmal genau in dem Augenblick, in dem wir Engel um Hilfe bitten. Dies kann Glockenläuten, Gesang, Summen oder auch ein ganz „eigener" Ton sein, den wir nur in unserem Inneren wahrnehmen. Es ist dann so, als ob eine Melodie in uns erklänge. Wenn unser Herz singt oder Melodien in der Umwelt ertönen, ist dies ein Zeichen dafür, dass unser Gebet erhört wurde und eine Sache gut verlaufen wird.

Lichter in Form von plötzlichen Lichterscheinungen, Blitzen, Lichtkugeln oder einem sanften Leuchten künden von der Gegenwart der Engel und sind ebenfalls eine Bestätigung dafür, dass Ihr Gebet erhört wurde!

Naturerscheinungen wie Regenbogen, Blütenregen, Winde, die unsere Wangen streicheln, besondere Steine, auffällige Blüten, Bäume oder Felsformationen können Bestätigungen oder Botschaften unserer geistigen Helfer sein.

Es gibt bestimmte **Zahlen, Farben und Symbole,** die uns von Kindesbeinen an begleiten (beispielsweise unser Geburtsdatum) oder uns immer wieder auffallen. Ständig entdecken wir dieses Zahlen irgendwo oder schauen „zufällig" immer gerade dann auf die Uhr, wenn auf dem Zifferblatt ebendiese Zahl zu sehen ist ... Wenn uns diese für uns auffälligen Zahlenkombination begegnet, ist dies ein Zeichen, dass wir an unsere Führung angeschlossen sind und unserem Weg folgen. Wir können auch kurz innehalten und uns fragen, was uns gerade beschäftigt hat oder was uns so durch den Kopf gegangen ist. Zahlen haben immer eine Bedeutung und können uns – quasi wie eine verschlüsselter Code – wichtige Hinweise geben. Genauso ist es mit Symbolen. Bestimmte Symbole begleiten unser Leben. Sie geben Hinweise auf unseren Lebensplan, unsere Aufgabe und richten uns immer wieder aus.

Eine ganz besonders bedeutsame Zahl ist die **Drei**, denn sie ist die Zahl der Manifestation. Wenn Sie dreimal von einer Sache hören, Ihnen dreimal etwas auffällt oder aus verschiedenen Richtungen zu Ihnen gelangt, folgen Sie unbedingt dieser Botschaft. Wenn Sie mehr als dreimal an jemanden oder etwas denken, so folgen Sie diesem Gedanken, denn die Drei ist magisch.

Die Bedeutung der Farben in Bezug auf die Engel finden Sie im Anhang.

Dies sind nur einige Hinweise, wie Engel uns antworten oder auf sich aufmerksam machen können. Es gibt eine unbegrenzte Zahl an Möglichkeiten und Formen, auf unsere Fragen einzugehen oder unsere Wege „in die rechte Bahn" zu lenken. Wenn Sie beginnen, auf die Zeichen zu achten, werden Sie immer sensibler und diese mit der Zeit auch immer öfter wahrnehmen.

„Die Quelle wirkt auf vielen Wegen und durch viele Kanäle. Welcher Weg, spielt keine Rolle, was zählt, ist, dass wir auf Empfang schalten, um die Führung und Fügung auf dem Weg zu erkennen."

QUELLE UNBEKANNT

Die Lichtfotografie

„gespiegelter" Naturgeist

Hinter allen sichtbaren Formen wirken unsichtbare Kräfte.
Wir können die Wesen und Wesenheiten an Plätzen fotografieren, wenn wir sie vorher fragen, ob sie sich zeigen.
Dies funktioniert folgendermaßen.
Suchen Sie einen schönen Ort in der Natur, und verweilen Sie
eine gewisse Zeit. Senden Sie Licht in Ihre Umgebung und
in die Kamera, und bitten Sie von Herzen, die Wesenheiten,
die sich an diesem Ort aufhalten, fotografieren zu dürfen.
Warten Sie einen Moment, ob Sie ein Zeichen bekommen.
Lichtblitze, Federn, „Herzsteine", Blütenregen oder der
plötzliche Impuls, einen Baum oder einen Felsen fotografieren zu wollen, sind Zeichen dafür, dass die Wesen der Natur
Ihnen antworten! Vielleicht sehen Sie plötzlich Augen oder
Gesichter um sich herum. Wenn Sie von bestimmten Orten
besonders angezogen werden
und diese fotografieren, kann
es also durchaus sein, dass Sie
plötzlich Naturwesen an diesen entdecken.

Sehen Sie den Schwan?

Ihr unsichtbaren Wesenheiten, ich bitte euch von Herzen: Lasst mich ein Bild von euch machen. Führt mich, und zeigt mir die Plätze, an denen ihr sichtbar seid. Danke.

Lichtfotografie

So wird's gemacht:

- Schauen Sie sich, wenn Sie in der Natur sind, nach einem Platz um, an dem Sie völlig ungestört und in Stille verweilen können.
- Schließen Sie Ihre Augen, kommen Sie in Ihre Mitte und entspannen Sie sich.
- Legen Sie Ihre Hände auf Ihr Herz, und bitten Sie die Engel und Naturwesen darum, sie fotografieren zu dürfen.
- Warten Sie auf ein Zeichen – dies kann eine Wärme sein, die Sie plötzlich im Körper wahrnehmen, ein Prickeln, ein Impuls, eine Stimme ...

- Öffnen Sie Ihre Augen. Stellen Sie sich nun vor, wie Licht in Ihre Kamera und in die Natur fließt. Schauen Sie, was Sie besonders anzieht, und fotografieren Sie es!
- Wenn Sie mögen, können Sie den Naturwesen als Dankeschön etwas Wasser, Brot, Apfel, Nüsse oder Ähnliches dalassen oder den Müll, der sich vielleicht dort angesammelt hat, wegbringen. Es gibt viele Wege, Dankbarkeit auszudrücken. Vielleicht erfahren Sie auch in Ihrer Meditation, was Sie für die Wesen an diesem Ort tun können.
- Mit etwas Übung werden Sie auf den entwickelten Bildern – neben den „tatsächlich" dargestellten Gegenständen – sicherlich noch einiges entdecken!

Lichtfotografie

Engel in Notfällen und bei unvorhergesehenen Pannen

Leider ist es oft so, dass wir uns erst in Notsituationen, wenn gar nichts mehr geht, an die geistige Welt wenden. In der Tat haben innere Bitten und Gebete schon an vielen Orten der Welt Menschen gerettet und ihnen unerwartet Hilfe beschert. Erstes Mittel in höchster Not ist also auf jeden Fall ein Stoßgebet zum Himmel.

Noch besser ist es, sich jeden Tag (also nicht nur in Notsituationen) an die göttliche Führung zu erinnern und sich für sie zu öffnen und sie einzuladen. Wenn wir täglich diese Verbindung suchen, so stärkt dies unsere Intuition und wir erfahren Fügungen und Anweisungen, die dafür sorgen, dass wir erst gar nicht in eine Notsituation hineingeraten, weil wir schon im Vorhinein die Zeichen und Signale erkennen und uns entsprechend verhalten können.

Wenn wir beispielsweise eine Kreuzfahrt machen wollen, sollten wir nicht einfach aufs Geratewohl die Tickets für eine Titanic bestellen, sondern schlicht unseren Wunsch formulieren und dann loslassen, mit der Bitte, dass dieser zum Wohle und Segen aller Beteiligten in Erfüllung gehe. Wenn dieser Wunsch mit unserem Lebensplan im Einklang ist, so wird er sich sicher auf eine Weise erfüllen, an die wir nie im Leben auch nur annähernd gedacht hätten.

„Die göttliche Quelle atmet durch dich.
In Situationen, in denen du nicht mehr weiterweißt,
wenn in deinem Herzen die Stürme von Zorn,
Zweifel, Angst, Lust oder Eitelkeit toben,
knie nieder und bete.
Denn der göttlichen Quelle
ist die Kraft der Elemente unterstellt.
In deiner Anrufung liegt deine Stärke.
Es gibt kein Problem,
das nicht durch ein aufrichtiges Gebet gelöst,
kein Leid, das nicht durch ein Gebet überwunden
und kein Übel, das nicht durch ein Gebet
behoben werden kann.
Beten ist eine Art In-Verbindung-Treten mit der Quelle.
Es ist die Erlaubnis der Quelle und ihrer lichtvollen Helfer, durch
dich zu wirken und dich mit Segen,
Gnade, Schutz und Stärke zu erfüllen.
Wisse: Es ist getan!"

Weitere Hilfestellungen für Notsituationen

Schutz-Mantra

„Wall von Kristall allüberall,
schließe dich rings um mich,
schließe ein mich im Sein, überwölbe mich,
überforme mich, lass nichts herein
als Liebe, Licht und Leben allein.
OM, so ist es, und so soll es sein."

QUELLE UNBEKANNT

- Kontrolliertes Verhalten. Auch wenn es schwerfällt, halten Sie einen Moment inne, erinnern Sie sich an die höchsten geistigen, mächtigen und hilfreichen Lichtwesen, bitten Sie diese, Sie zu führen. Warten Sie bis sie einen Impuls spüren.
- Betend die Engel anrufen: „Ihr Engel, helft mir, jetzt sofort!"
- „Schutzschilde hochfahren" – oft hilft allein schon dieser innere Befehl, sämtliche inneren Kräfte zu aktivieren: Man stellt sich einfach vor, wie sich um einen herum ein Kraftfeld oder eine Art Schutzmantel aufbaut, der alle Negativität abhält.
- Erzengel Michael rufen (siehe Gebet zum Erzengel Michael, S. 96)
- Sich einen guten Ausgang der Situation vorstellen, für den die Engel sorgen sollen.
- Kontakt mit der inneren Führung herstellen.
- Wenn man zu mehreren ist: Kontakt aufbauen, also sich beispielsweise an die Hände nehmen, den Fluss der Liebe fühlen und sich ausrichten; Liebe, die fließt, schafft ein Energiefeld, das jeden Angriff abwehrt.
- Die Engel bitten und den Impulsen folgen, die daraufhin aus

unserem Inneren kommen. Diese sind oft knapp, deutlich und in Befehlsform, wie: „Geh zur Seite!", „Pass auf!", „Duck dich!", „Vergiss nicht, die Scheibe hochzudrehen!" Manchmal hat man auch das Gefühl, von einer unsichtbaren Kraft in eine bestimmte Richtung gezogen oder in die Luft gehoben zu werden. In Notsituationen ist es unbedingt erforderlich, der inneren Stimme zu vertrauen und ihr zu folgen.

- Wenn Sie einen Druck in der Magengegend spüren, so ist dies oft ein Zeichen für Übergriff, Manipulation und Machtmissbrauch. Bitten Sie die Engel in einer solchen Situation, ein Kraftfeld um Sie herum aufzubauen. Gehen Sie ein paar Schritte zurück, atmen Sie tief durch, und schwenken Sie, falls es sich um ein Gespräch handelt, auf ein völlig anderes Thema um, oder entziehen Sie sich der Situation.

- Versuchen Sie, Zeit zu gewinnen, um innerlich Ihre geistigen Kräfte zu aktivieren und zu entspannen, damit Gott und die Engel wirken können.

- Singen und Pfeifen vertreiben die Angst.

- Wenn Sie sich nicht sicher sind, helfen Affirmationen wie: „Es gibt immer einen Weg – zeige mir jetzt diesen Weg."

- Die Farben Rosa und Magenta öffnen für die Liebe und die verbindenden Kräfte. Wenn Sie diese in Ihr Herz senden und in die jeweilige Situation, können Sie deutliche Veränderungen herbeiführen.

- Sie können sich auch auf den Regenbogen konzentrieren und schauen, welche Farbe in einer Situation hilfreich ist. Lassen Sie sie ungehindert durch sich hindurchfließen. Bemerken Sie, wie sich eine Situation im Licht der Engel wandelt.

- Reden Sie mit den Dingen, die Sie umgeben, und Sie werden antworten. Auch wenn es ungewöhnlich klingt: Wer seinem Auto gut zuredet, kann wirklich Wunder erfahren.

Wie vorgehen in Notsituationen?

„Im Falle eines Druckverlustes
ziehen Sie eine Sauerstoffmaske zu sich heran,
und drücken Sie diese auf Mund und Nase.
Ziehen Sie sich zuerst eine Maske an
und helfen Sie dann Kindern und hilfsbedürftigen Menschen."
ANSAGE IM FLUGZEUG

Wenn Sie merken, dass „Not am Mann" ist, sollten Sie bitte darauf achten, dass auch Sie selbst in dieser Situation geschützt sind. Es nutzt niemandem etwas, wenn Sie sich opfern, weil Sie versuchen, etwas zu verhindern, was Sie in diesem Augenblick nicht wirklich verhindern können, da hier andere Kräfte am Werke sind.

Mithilfe Ihrer geistigen Führung und Schutzkräften werden sich jedoch ungeahnte Wege auftun. Deswegen – besinnen Sie sich einen Moment, rufen Sie die Engel, erweitern Sie Ihren Blick und warten Sie den Impuls in Ihrem Inneren ab.

„Hilf Dir selbst, dann hilft dir Gott, ...
auch anderen zu helfen."

Wenn Sie Zeuge von Gewalt und Ungerechtigkeit werden, so bitten Sie die Legionen von Erzengel Michael, aktiv zu werden. Versuchen Sie, Gefühle wie Liebe, Hoffnung, Vertrauen oder Zuversicht aufrechtzuerhalten, erweitern Sie Ihren Blick, öffnen Sie sich innerlich, und warten Sie auf die richtige Eingebung in Ihrem Inneren.

Stellen Sie sich so intensiv und bildhaft wie möglich vor, wie sich diese Situation auflöst und Licht in die Dunkelheit fließt.

Eine Freundin von mir wurde einmal zur Zeugin einer Gewalttat. Sie wusste, dass sie gegen die Menschen, die das Unrecht verübten, keine Chance hatte. Sie wollte sich nicht in Gefahr begeben und dennoch Hilfe leisten. So bat sie die Engel um Hilfe, in der Gewissheit, dass sie ein *Zeichen* erhalten würde. Plötzlich fiel ihr ein Blecheimer auf, der an einem Treppenabsatz stand. Sie trat gegen ihn und er polterte mit lautem Getöse die Treppe hinunter. Die Angreifer erschraken und flohen in alle Himmelsrichtungen. Andere Augenzeugen eilten dem Opfer augenblicklich zur Hilfe. Die Situation hatte sich schnell und auf ganz simple Weise zum Guten gewendet.

Eine andere Bekannte wurde von einem Mann bedrängt. Sie rief die Engel um Hilfe und augenblicklich kam ein Pärchen kam lachend um die Ecke. Der Mann ließ los und meine Bekannte konnte fliehen.

Ich-bin-Gegenwart

Jedes Mal, wenn Sie sagen: ICH BIN ..., bedeutet dies:
„Gott in mir ist ... ."
Sie öffnen die Schleusen für das Licht Gottes.

Die Ich-Bin-Gegenwart ist unser höchstes Selbst, das Christus-Selbst, die Buddha-Natur. Wenn wir diese aktivieren, kommt die Wahrheit ans Licht, und die dunklen Kräfte müssen weichen. Das ist Gesetz in der geistigen Welt.
Im Namen meiner Ich-bin-Gegenwart kann ich sagen: „Zeige mir dein Licht." Oder: „Nur reine Liebe darf zu mir, alles andere muss weichen."

Um diese Worte zu bekräftigen, können Sie sich vorstellen, wie der Funke Gottes sich in Ihrem Inneren auszudehnen und in Ihrem Herzen zu strahlen, zu glitzern und zu leuchten beginnt und sich mit allem, was ist, vereinigt. Das Licht dehnt sich durch Sie und um Sie herum mehr und mehr aus; es heilt, richtet auf und energetisiert alles, was mit ihm in Berührung kommt. Die Dunkelheit muss weichen.

Wenn man sich nicht sicher ist, welche Kräfte um einen herum walten, oder wenn die Gewissheit besteht, dass Kräfte, die uns schaden wollen, am Werke sind, kann man diese Worte laut oder leise vor sich hin sprechen. Ich habe schon erstaunliche Erfahrungen gemacht, wenn ich solche Sätze aus meiner Herzensmitte heraus gesprochen habe.

„Schlägt dir die Hoffnung fehl,
nie fehle dir das Hoffen!
Ein Tor ist zugetan, doch tausend sind noch offen."
Friedrich Rückert

Unerwartete Krankheiten

Wenn Sie auf Reisen plötzlich krank werden, hilft Folgendes:

1. Andere bitten, eine Kerze anzuzünden.
Wenn es möglich ist, jemanden zu erreichen, dem Sie vertrauen, rufen Sie ihn an, und bitten Sie ihn, ein Licht anzuzünden und Sie mit ins Gebet zu nehmen. So wird Kraft aktiviert, die uns von außen Energie zuführt. Wenn andere für uns ein Licht entzünden, können wir sehr schnell Heilung

erfahren, denn dann sind wir in der Situation nicht allein. (Diese Maßnahme hat meinen Sohn einmal innerhalb eines einzigen Tages wieder gesund werden lassen.)

2. Botschaft der Krankheit verstehen und annehmen.

Eine Krankheit hat immer eine Botschaft für uns. Vielleicht haben wir vor dem Antritt der Reise viel gearbeitet, und nun, da wir einmal zur Ruhe kommen, bricht die Krankheit aus. Oder wir haben lange nicht auf unsere innere Stimme gehört und bestimmte Zeichen ignoriert ... Es ist wichtig, die Botschaft einer Krankheit zu verstehen, denn sie kommt nicht „aus heiterem Himmel".

- Was möchte uns diese Krankheit sagen?
- Welches Fehlverhalten hat diese Krankheit herbeigerufen?
- Wo oder wann bin ich aus der Harmonie, aus dem Gleichgewicht geraten?
- Gibt es etwas, was ich ändern kann, um meine Gesundheit zu fördern?
- Gibt es ein Glaubensmuster oder eine Verhaltensweise, die diese Krankheit gefördert hat?
- Was braucht meine Seele, mein Geist, mein Körper, um jetzt Heilung zu finden?

3. Den inneren Heiler bitten.

Zu Ihrem Engelteam gehört auch ein innerer Arzt, den Sie jederzeit rufen und um Hilfe bitten können. Sie können ihn wahrnehmen durch Wärme in den Händen oder ein Piksen, das sich anfühlt, als würden Sie eine Spritze bekommen ... Legen Sie Ihre Hände auf die Stelle, die der Heilung bedarf. Bitten Sie nun Ihren inneren Arzt, Ihnen die Lichtfarbe zu senden, die Ihr Körper braucht, um zu heilen. Lassen Sie dieses Licht in die schmerzenden Regionen fließen. Fragen Sie, was Ihr Körper braucht und was Sie tun können, um gesund zu werden.

4. Der Kelch der Heilung

Halten Sie Ihre Hand über ein Glas mit Wasser, und bitten Sie die Engel, es jetzt mit Heilkraft aufzuladen. Summen Sie, während die Energie in das Glas fließt. Trinken Sie die Flüssigkeit langsam.

5. Der Tempel der Heilung

Bitten Sie Ihre Engel, Sie in den Tempel der Heilung zu bringen. In ihm wird alles Dunkle aus Ihrem Energiefeld genommen, der Körper gesalbt, geölt und mit Heilkraft angefüllt. Ihr Seelenkleid wird so lange gereinigt, bis es wieder in einem leuchtenden-weiß-goldenen Licht erstrahlt. Vielleicht erhalten Sie von den Engeln auch ein ganz neues strahlendes Gewand in einer bestimmten Farbe.

6. Wenn daheim ein Ihnen nahestehender Mensch erkrankt ist, während Sie sich auf der Reise befinden, können Sie auch aus der Entfernung einiges für ihn tun. Zünden Sie eine Kerze an für diesen Menschen, und konzentrieren Sie sich auf die Liebe und die Verbindung von Herz zu Herz,

die Sie mit diesem Menschen haben. Oft zeigt sich dann ein rosafarbenes Licht. Fragen Sie das höhere Selbst des Kranken, ob Sie hilfreich einwirken dürfen. Erhalten Sie ein „Ja", dann rufen Sie alle Engel, die Ihnen jetzt beistehen möchten. Halten Sie Ihre Hände so, als ob Sie eine große Kugel in beiden Händen hielten. Diese Energiekugel laden Sie nun mit der Farbe, die sich aus dem Regenbogen löst, und mit einer Kraft, die für diesen Menschen hilfreich ist. Senden Sie diese Segen bringende strahlende Energiekugel in Gedanken dem erkrankten Menschen. Stellen Sie sich vor, wie diese Kraft auf ihn einwirkt. Vielleicht erhalten Sie von den Engeln Anweisungen, was Sie ansonsten noch tun können. Folgen Sie diesen. Wenn der Energiestrom versiegt, ist die Arbeit getan.

Nehmen Sie die Person mit in Ihre Gebete.

„Engel führen meine Hände, zum Segen,
zur Heilung im Sinne des Höchsten.
Danke."

Unwetter und Naturkatastrophen

„Wenn ihr Menschen uns Elemente beherrschen wollt,
so beherrscht zuerst euch selbst,
eure stürmische Natur und euren engen Horizont.
Vereinigt euch dann voller Liebe
im Namen Gottes mit uns,
seid beweglich, wie wir es sind,
und es werden Wunder geschehen."

DURCHGABE EINES REGEN-DEVAS VON DOROTHY MCLEAN

Prinzipiell können wir in allen Notlagen beten und die Engel um Hilfe rufen, oder wir können sie um Führung bitten. Es ist aber auch möglich, mit den Elementarkräften in Verbindung zu treten. Da wir Menschen multidimensionale Wesen sind, können wir uns über alle Distanzen hinweg mit den Naturkräften verbinden und sie um Hilfe und Unterstützung bitten.

Im Zusammenwirken liegt eine viel größere Kraft als im Kampf. Wenn wir wieder in Liebe und Achtung in Kontakt mit den Elementar- und Naturwesen treten, haben wir viele hilfreiche Kräfte auf unserer Seite. Wir entdecken dann Schönheit und Fügungen und erleben auch in unruhigen Gebieten eine ganz andere Art von Führung.

Kinder der Elemente,
bewusst, aus den Elementen geschaffen
und Teil der Elemente zu sein, freut euch.
Heutzutage zerstört sich die Menschheit
durch den Gedanken des Getrenntseins.
Wie könnt ihr nur denken,
Ihr seid getrennt,
wie könnt ihr nicht wissen,
dass der Wind Teil von euch ist,
wie auch die Sonne euch nicht nur ihre Strahlen sendet, son-
dern Teil von euch ist.
Aus Wasser seid ihr gemacht, und Wasser umgibt euch. Ohne
die Luft, die ihr atmet, würdet ihr nicht leben.
Einheit ist das Lebensziel.
Liebe verbindet dich mit allem Leben,
welches Teil des Schöpfers und Teil von dir ist.
HERR DER ELEMENTE, EILEEN CADDY

Franz von Assisi, Lemuel oder Kuthumi sind sehr gute geistige Lehrer, aber auch Baum- oder Steinwesen, Devas oder Naturengel können äußerst gute Ratgeber im Umgang mit der Natur und deren Kräften sein. Wir können sie in unserer Meditation und in Notsituationen um Rat fragen oder mit den Elementen in Kontakt treten und sie bitten, uns sicher in den Situationen zu führen.

Wenn wir ein fremdes Land bereisen, sollten wir uns niemals unnötig Gefahren aussetzen oder diese aus Übermut herausfordern. Die Menschen, die an dem Ort leben, kennen dieses Land und seine Gefahren besser, und daher ist es immer gut, auf ihren Rat zu hören und die entsprechenden Zeichen zu beachten.

Hier nun ein paar ganz konkrete Ratschläge für den „Engelnotruf" – und noch ein paar andere praktische Tipps:

Blitz und Donner

Erzengel Uriel schützt bei Donner und Blitz.
Der heilige Donatus gilt als Wetterheiliger,
der bei Unwetter, Blitzschlag, Hagel und Feuersbrunst
angerufen werden kann.

Eine Frau, die sich bei einem heftigen Gewitter im Freien befand, rief in ihrer Angst den heiligen Donatus und sah augenblicklich ein Wesen, das sich schützend über ihr bewegte und mit dem Schwert die Blitze umleitete.

- Wenn ein Gewitter im Anmarsch ist, heißt es, Gewässer zu verlassen und unverzüglich sichere Orte aufzusuchen;
- Gebäude jeglicher Art und Autos bieten Schutz;

- niedrigsten Punkt im Gelände aufsuchen, hinknien oder -legen und den „Schutzschild" aktivieren; Aufenthalt auf freiem Feld vermeiden;
- auch einzelne Bäume oder Baumgruppen, Hügel, Aussichtstürme sind bei Gewitter gefährlich;
- Hände weg von Metall, Drahtseilen und Klettersteigen. Nische suchen und Füße und Hände nah an den Körper ziehen.

Naturkatastrophen ereignen sich, weil die Natur aus dem Gleichgewicht geraten ist. Informieren Sie sich vor einer Reise, wie Sie sich am besten verhalten sollten, aber vertrauen Sie auch stets Ihrer inneren Führung, damit Sie die Situation im Griff behalten und vielleicht für andere eine Stütze sein können, wenn Sie in eine gefährliche Situation geraten.

Ich befand mich in Los Angeles, als sich dort ein starkes Erdbeben ereignete. Ich hatte an dem Tag den Impuls gehabt, mit ein paar Bekannten in einen Nationalpark außerhalb der Stadt zu fahren. Ich folgte diesem Impuls, und daher bekamen wir von dem Beben nichts mit. Als wir zurückkamen, war das Haus meiner Bekannten nur noch ein Trümmerhaufen ...

Mögen Sie der Führung Ihrer Engel vertrauen
und der Segen der Engel
Sie vor Notsituationen bewahren.

Die Stürme des Lebens

„Ich bin bei euch alle Tage."
Jesus Christus

Egal, in welche Situation Sie geraten, in welchem Sturm des Lebens Sie sich befinden, rufen Sie die Engel und mit ihnen Jesus Christus in Ihre Mitte; ein schönes Beispiel finden Sie in der Heiligen Schrift:

Matthäus 8, 23–27
Er stieg in das Boot, und seine Jünger folgten ihm.
Plötzlich brach auf dem See ein gewaltiger Sturm los,
sodass das Boot von den Wellen überflutet wurde.
Jesus aber schlief. Da traten die Jünger zu ihm
und weckten ihn; sie riefen:
Herr, rette uns, wir gehen zugrunde!
Er sagte zu ihnen: Warum habt ihr solche Angst,
ihr Kleingläubigen?
Dann stand er auf, drohte den Winden und dem See
und es trat völlige Stille ein.
Die Leute aber staunten und sagten:
Was ist das für ein Mensch, dass ihm sogar die Winde und der See gehorchen?

Führung durch einen Meister:
Stellen Sie sich einen Meister oder eine Meisterin vor, die Ihrem Herzen entspricht (zum Beispiel Jesus Christus, Buddha, El Morya, Kuthumi, Rowena, Nada, Maria, Maria Magdalena, Dalai-Lama), und fragen Sie sich, wie er oder sie sich an Ihrer Stelle verhalten würde.

Wenn einfach gar nichts klappen will

Je öfter du unterwegs fragst, wie weit du noch zu gehen hast,
umso länger wird dir der Weg erscheinen.
Setze einen Schritt vor den anderen.
Habe Freude dabei, und du erreichst dein Ziel spielend.

Aus Australien

Manchmal klappt einfach gar nichts. Hier eine kleine Geschichte dazu:
Ich befand mich in Australien im Busch und musste so langsam die Heimreise antreten. Der Bus fuhr mir vor der Nase
weg, der nächste fuhr erst drei Tage später. Ich fand niemanden, der mich hätte in Richtung Flughafen mitnehmen
können – es war wie verhext. Ich sah keine Möglichkeit, den
Ort zu verlassen, und ich hatte auch nicht mehr viel Zeit,
bis ich wieder in Deutschland sein musste. Also begann ich,
mich zu Fuß auf den Weg zu machen, und bat meine Führung um Antwort und Hilfe.

„Bitte, ihr Engel,
zeigt mir, was ich ändern kann,
damit jetzt alles gut weitergehen kann."

Während ich Zwiesprache hielt, wurde mir mit einem Mal
bewusst, dass ich nicht wirklich bereit war, diesen Ort zu
verlassen, weil er einfach so wunderschön war. Zu gehen
war ein Entschluss meiner Vernunft, aber nicht meines Herzens.
Nach einiger Zeit erklärte ich mich ganz aufrichtig bereit,

nun mit Freuden den Heimweg anzutreten und mich von diesem Ort zu verabschieden. Ich bedankte mich für alles und sagte Lebewohl. Ich weinte und spürte, wie ich immer mehr loslassen konnte. Meine Bereitschaft, die Heimreise anzutreten, wuchs. Es dauerte keine Stunde, da sandten mir die Engel die gewünschte Hilfe. Ein Auto hielt plötzlich an, in dem – welch ein „Zufall" – mein Nachbar aus Frankfurt saß, der auf dem Weg nach Sidney war. Somit hatte ich eine wahrhaft wundervolle Fahrt zum Flughafen, in vertrauter, netter Begleitung, und erreichte das Flugzeug, das mich dann pünktlich nach Hause brachte.

„Nur im Vorwärtsgehen
gelangt man ans Ende der Reise."
SPRICHWORT DER OVAMBO

Verstand und Herz können ganz unterschiedlich wirken. Wenn wir mit unserer Seelenebene Kontakt aufnehmen, können wir durch einen kleinen »Zwitsch«, durch Bereitschaft und Umdenken, zu ungewöhnlichen und schnellen Lösungen finden. Dazu ist der innere Dialog unabdingbar.

Mögest du warme Worte an
einem kalten Abend haben,
Vollmond in einer dunklen Nacht
und eine sanfte Straße auf dem
Weg nach Hause.
IRISCHER SEGENSWUNSCH

Nach der Reise

Begibst du dich auf die Reise,
so berate dich mit den Alten;
kehrst du von der Reise zurück,
so erfahre Neuigkeiten von den Kindern.

Nachbereitung

Wenn Sie wieder heil zu Hause angekommen sind, sollten Sie sich etwas Zeit nehmen, um die Reise zu reflektieren. Erzählen Sie die Erfahrungen der Reise von einer übergeordneten Sicht, quasi als Beobachter. Betrachten Sie die Reise mit den Augen der Engel, so erhalten Sie verschiedene Sichtweisen und damit umfassendere Erkenntnisse über die Ereignisse.

- Was haben wir erlebt?
- Was war besonders schön?
- Wann haben wir die Führung gespürt?
- Was nehmen wir von der Reise mit?
- Welche Botschaft können wir an andere weitergeben?

Wenn wir eine Reise durch Reflexion vertiefen, können wir mehr und mehr die Führung und die Fügungen erkennen, die uns während der Reise zuteil wurden. Wir werden sie von Reise zu Reise mehr wahrnehmen.

„Das Beste,
was man vom Reisen nach Hause bringt,
ist die heile Haut."

Segnung unguter Situationen während der Reise

Wenn Sie zu Hause merken, dass Sie verschiedene Situationen, die sich während der Reise ereignet haben, noch beschäftigen, können Sie im Geiste mit diesen noch einmal in Verbindung treten, sie segnen, lösen und somit wandeln. Sie können schauen, welche Farbe sich in jenen bestimmten Situationen aus dem Regenbogen lösen und im Anhang die Botschaft der entsprechenden Farbe nachlesen.

Wenn Sie noch irgendetwas im Nachhinein tun können, um die Situation zu klären oder zu bereinigen, sollten Sie es unverzüglich in Angriff nehmen.

Wenn Sie nicht weiterwissen, geben Sie die Situation im Geiste in die Hände der Engel, und bitten Sie um einen Traum, eine Eingebung, einen Hinweis. Manchmal dauert es, bis wir die Lektion einer Situation erkannt haben. Akzeptieren Sie, was ist. Lassen Sie los, und wenden Sie sich ab, denn manche Ereignisse können sich erst zu einem späteren Zeitpunkt klären, weil sie in einem größeren Kontext stehen. Lenken Sie Ihre Aufmerksamkeit ganz in die Gegenwart zurück.

Ein Lichtdienst als Dank für die Erde

„Danke für alle guten Gaben,
danke für diesen schönen Tag,
danke, dass ich all meine Sorgen
auf dich werfen mag."
„Danke für diesen guten Morgen", deutsches Kirchenlied

Zum Abschluss noch ein Lichtdienst für die lebendige Erde und den lebendigen Geist:
Wir können über die geistige Ebene einiges an Liebe, Segen und Licht geben. Die Engel wandeln nicht nur an unserer Seite – auch wir können auf geistiger Ebene mit ihnen wandeln und so dem „großen Ganzen" dienen.

Schaffen Sie eine ruhige, ungestörte Atmosphäre. Sie können ruhige Musik auflegen, Kerzen anzünden, einen Duft versprühen.
Begeben Sie sich in die Stille. Rufen Sie die Engel. „Ihr Erzengel, ihr lichten Heerscharen, ich bitte euch in Aktion." Warten Sie, bis Sie die Anwesenheit eines oder mehrerer Engel wahrnehmen. Stellen Sie sich nun vor, wie Sie in eine Region außerhalb der Erde gezogen werden. Lassen Sie sich jetzt von den Engeln an den Ort der Erde führen, an dem Sie etwas für Menschen, Tiere tun können. Das kann beispielsweise ein Katastrophengebiet sein, in das Sie – über die geistige Ebene – segnende oder helfende Energien bringen. Folgen Sie den Anweisungen Ihres Engels, und führen Sie aus, was Ihnen gezeigt wird, zum Beispiel Licht an einen Ort senden und ihn so neu erwecken oder sich ganz konkret um

einen Menschen kümmern ... Aus eigener Erfahrung kann ich sagen, dass diese Lichtdienste sehr unterschiedlich aussehen können ...

Führen Sie den Dienst so lange aus, bis Ihr Engel Ihnen Zeichen gibt oder Sie sich ruhig, still und friedlich fühlen und den Wunsch haben, wieder ganz in die Gegenwart zu kommen. Manchmal erhalten Sie auch konkrete Anweisungen durch die Engel, zum Beispiel: „Besuche Person xy im Krankenhaus." Oder: „Gehe zu jenem Platz und lege Blumen nieder." Führen Sie diese Dienste stets im Namen der Liebe aus, und Sie werden merken, dass Sie nach einem gelungenen Lichtdienst im Namen des Friedens, der Liebe und der neuen Zeit wach, vital und voller Kraft sind. Die Anbindung verstärkt sich!

Jeder Lichtdienst, jedes Gebet für andere bereichert die Erde, die fühlenden Wesen und unser Selbst. Manchmal verstehen wir auch erst über die Lichtdienste in unserer Meditation für uns, andere und die Erde, warum wir bestimmte Orte bereist und bestimmte Erfahrungen dort gemacht haben. Wir beginnen, zuerst größere Zusammenhänge zu erahnen und dann zu erfahren. Wir begreifen nach und nach die Grenzenlosigkeit des Geistes.

Ich widme dieses Buch dem neuen goldenen Zeitalter des Friedens. Mögen die Engelfreunde stets an unserer Seite wandeln und wir den Weg der Mitte gehen, in Frieden, Liebe, Harmonie und Schönheit.

Anhang:

Farben und ihre Bedeutungen

Regenbogenkind
Du bist ein Kind von Sonne, Mond und Sternen,
du bist ein Kind des Himmels und der Erde,
du bist ein Kind des Lichtes und der Liebe.
Werde, was du bist.
LIED

Engel wirken über die Farben in unserem Leben.
Hier können Sie nachlesen, welche Bedeutung die Farbe,
die sich Ihnen zeigt, haben könnte. Vorrang hat jedoch die
Botschaft Ihres Herzens, Ihres Engels.

 **Kristallin – weißes Diamantenlicht (Quelle):** Alles, was ist, Einssein;

Geistige Wesenheiten: Cherubim, Seraphim, Throne, Engel des Seelenplans;

Steht für: Anbindung, Versorgung, Seelenplan, Charisma, Entfaltung, Ausdehnung;

Lindert: Unruhe, Sinnlosigkeit, Nicht-angeschlossen-Sein, Nicht-genährt-Werden, Unwertgefühle;

Botschaft: Du hast eine Mission hier auf der Erde. Folge deiner Leidenschaft, nutze deine Talente und Fähigkeiten und setze sie auf kraftvolle, heilsame Weise ein. Verbinde dich mit der Quelle, mit dem ICH BIN, das dich führt, leitet und dir hilft, deinen ursprünglichen Plan zu entfalten. Du bist ein Original; entfalte deine einzigartige, dir von Gott gegebene Kraft. Schleife den Diamanten in dir, sodass er im göttlichen Licht in all seiner Pracht erstrahlen kann. Leite dein Licht, das aus deiner aufrechten Anbindung zur Quelle entsteht, durch die Welt der Gegensätze. Lasse dich nicht beeindrucken von den Schattenspielen.

 **Gold (Sternenlicht):** Lebensenergie, Vollkommenheit, Erleuchtung, Vollendung, Glückseligkeit, Freude, Fülle, Schöpfung, Segen;

Geistige Wesen: Meister, Buddha, Christus, Kenich Ahan, Kuthumi, Lanto ... Metatron, Erzengel Jophiel, Engel des goldenen Strahls, innerer Meister;

Steht für: Sternenlicht, Schöpferkraft, Mitschöpfertum, Anbindung, unsere Meisterschaft;

Lindert: Mangeldenken und Mangelbewusstsein;

Botschaft: Öffne dich deiner höchsten Natur. Beschäftige

dich mit geistigen Inhalten, Weisheitslehren, Meistern. Öffne dich für die Botschaft der Weisheit. Lasse den Segensstrom in dein Leben fließen und in alles, was deinen Lebensstrom berührt. Segne alles in diesem Licht. Lade auf!

Königsblau (Blaupause): Matrix, göttliche Anbindung, Muster und Formatierung;
Geistige Wesenheiten: kosmische Hüter, Herkules und Amazonia, El Morya, Heilige, Engel der Akashachronik, Boten der göttlichen Energie;
Steht für: Erkenntnis, Kurskorrektur, Lösung alter Strukturen und Muster;
Lindert: Unruhe, Gefühle der Sinnlosigkeit, Getriebensein, das im Außen statt im Innen suchen;
Botschaft: Begib dich in dein inneres Heiligtum. Hier kannst du alte Muster und Strukturen erkennen, lösen und wandeln. Alles, was im Inneren gewandelt und neu formatiert wurde, wird sich in der äußeren Welt zeigen. Erinnere dich deiner göttlichen Herkunft, deines königlichen Geblütes und deines wahren Wesens.

Magenta (Seelenstern): bedingungslose Liebe, Allbewusstsein, spirituelles Bewusstsein, göttliche Weiblichkeit, verbindet Himmel und Erde und die Dualenkräfte;
Geistige Wesen: Heilige, Quan yin, Tara, Lakshmi, Maria Magdalena ... Engel der Erlösung, Wesen der göttlichen Ordnung, Engel der bedingungslosen Liebe und Annahme;
Steht für: Vereinigung, die Verbindung von Spiritualität und Alltag, Konzentration und Ausrichtung in allem Tun;
Lindert: Trennung und Verurteilung jeder Art;

Botschaft: Bringe den Himmel auf die Erde, indem du gegenwärtig bist und das erfüllst, was ansteht. Lasse dich handeln, statt selbst zu handeln. Lasse dich reden, statt zu reden ... Lasse dich von deiner höchsten Natur führen. Nicht entweder oder, sondern sowohl als auch, alles hat seinen Platz im göttlichen Plan, es ist Raum für alles in der Ewigkeit.

Weiß: (höheres Selbst): Erhöhung, Klarheit, Reinheit, Aufstieg, Vision, Perfektion;
Geistige Wesen: Clair und Astrea, Serapis Bey, Erzengel Gabriel und Lady Hope, Engel des Lebens und des Todes, Engel der Verkündung, Engel Andon, welcher Seelen, die festhängen, erlöst ...;
Steht für: Selbsterkenntnis, stärkt die Verbindung zum Höheren Selbst, hilft bei Übergängen und beim Vertiefen von Erkenntnissen, schützt, reinigt und klärt; wenn dieses Licht erscheint, steht eine unwiederbringliche Veränderung bevor;
Lindert: Gefühle von Schuld, innere Verschmutzungen, begrenztes Denken und Fühlen;
Botschaft: Öffne dich für eine neue Richtung in deinem Leben. Reinige dich von allem, was dir nicht mehr dient. Mache dich bereit für eine neue Zeit, nimm an, was dir gesendet wird, und öffne dich deiner höchsten Führung.

Violett (Kronenchakra): Transformation, Reinigung, Umwandlung, Gnade, Neuordnung;
Geistige Wesen: Akturus und Diana, Karmischer Rat, Saint Germain, Lady Portia, Quan yin, Erzengel Zadkiel und Amethyst, Engel des violetten Feuers ...

Steht für: Gnade, Barmherzigkeit, Mitgefühl, Transformation, löst alte Energiefelder und karmische Bindungen, verwandelt in die ursprüngliche Reinheit, verbindet mit dem göttlichen Plan, hilft, den Kurs zu korrigieren, loszulassen, sich neu auszurichten, Altes durch Gnade und Vergebung zu wandeln; öffnet das Dritte Auge, öffnet uns für die spirituelle übergeordnete Sicht;
Lindert: Selbstbestrafung, Selbstkritik, Nicht-vergeben-Können, das Festhalten an der Vergangenheit;
Botschaft: Wandele die Dinge, die dich belasten und dein Herz verschließen durch Vergebung, Bereinigung, Gnade; lass los, und öffne dich für die höhere Sicht der Dimensionen und Zusammenhänge, damit du deinen Plan hier auf Erden erfüllen kannst.

Saphirblau (Drittes Auge): Schutz, göttlicher Wille, Disziplin, Innenschau, Vertrauen, Hingabe;
Geistige Wesen: Erzengel Michael und Lady Faith, Miriam, Heilige, Schutzengel, Legionen des blauen Strahls;
Steht für: Führung, göttlichen Schutz, Leitung, Wille, Macht und Ausrichtung, öffnet für eine übergeordnete, weitsichtige Perspektive, klares Handeln aus guten Motiven;
Lindert: Schwäche, Trotzreaktionen, sinnlose Aktionen, unüberlegtes Handeln, kühlt Wut und Zorn und hilft, besonnen einzuwirken ...
Botschaft: Vertraue der göttlichen Führung, und folge klaren Impulsen und Eingebungen. Du wirst göttlich geführt. Sei gegenwärtig. Bitte die geistige Führung bei all deinen Entscheidungen um Hilfe und Anleitung, und erlaube höheren Kräften, dich anzuleiten.

Hellblau (Kommunikation, Halschakra):
Kommunikation, Verbindung mit allem, Botschaft, Öffnung, Weite;

Geistige Wesen: Engel der Kommunikation, Hermes, der Götterbote; Erzengel Orion;

Steht für: Kommunikation, Telepathie, Öffnung in den geistigen Raum, Weite, Flexibilität und ungeahnte Möglichkeiten, Ausdrucksmöglichkeiten, Grenzenlosigkeit;

Lindert: begrenztes Denken und Fühlen, Enge und Ängste, Kurzsichtigkeit und Verletzungen des inneren Kindes;

Botschaft: Stelle deine inneren Antennen auf Empfang, lausche, höre zu, öffne dich für die Botschaft, die dir von der göttlichen Ebene gesendet wird. Du bist mit allem verbunden und kannst über die göttliche Ebene mit allem in Verbindung treten. Dein Sein möchte sich ausdehnen.

Türkis (Thymusdrüse, Immunsystem):
Stärkung des Immunsystems, Verbindung mit allem, Lebensflamme, Wahrheit, Wahrhaftigkeit, Ausdruck in Liebe und Weisheit;

Geistige Wesen: Engel von Atlantis und Lemuria, Engel der neuen Zeit, Kristallengel ...

Steht für: Heilung durch Trost, positive Gedanken, Gefühle und Worte, neues Verständnis, Kommunikation, Telepathie und wortlose Verständigung, hilft uns, die eigene Wahrheit auszudrücken und zu dem zu stehen, was wir empfinden;

Lindert: Schmerzen von Unverstandensein, Nicht-gehört-Werden, Sich-nicht-verbunden-Fühlen, Trennung und Einsamkeit;

Botschaft: Du bist verbunden mit allem. Empfange die heilende Strahlung der neuen Zeit, öffne dich dem inneren

Wissen. Alles ist bereits in dir. Du kannst über Ausdruck und Worte dich und andere heilen. Du kennst die Wahrheit, verleihe ihr auf liebevolle, aufrichtige Weise Ausdruck. Die Wahrheit heilt dich und andere.

 **Grün (äußeres Herzchakra):** Heilung, Weihung, Segnung, Wachstum, Fülle;
Geistige Wesen: Meister Hilarion, Vista und Kristall, Erzengel Raphael und Mutter Maria, Engel des grünen Strahls, Heiler, innerer Arzt;
Steht für: Wissenschaft, Gleichgewicht, Balance, Heilung, Freude, Erneuerung und Harmonie;
Lindert: Schmerzen und Trauer, heilt alte Wunden, löst alte Schmerzfelder auf;
Botschaft: Etwas in deinem Leben möchte gesehen, gewürdigt und geheilt werden. Alle Heilkraft ist in dir. Nutze sie, wende sie an. Die Kraft der Regeneration und Erneuerung ist bereits in dir. Glaube und vertraue, es hilft und heilt die göttliche Kraft; *du hast heilerische Fähigkeiten, wende sie an.*

 **Hellgrün (Herzchakra):** Herzheilung, Seelenliebe, innere Empfindlichkeit;
Geistige Wesen: Engel des hellgrünen Strahls, Heilerin, Lady Avalon, Mutter Maria;
Steht für: Trost, Linderung, Hoffnung, Glauben, neue Wege und Visionen;
Lindert: Trauer, Trauma, traumatische Erfahrungen;
Botschaft: Alte Wunden und Traumata werden jetzt überwunden. Du bist bereit, loszulassen, zu vertrauen, zu vergeben und dich dem Himmel und seinen liebevollen Lichtwesen zu öffnen. Die göttliche Mutter nimmt dich in ihre

Arme. Hier erfährst du Trost, Heilung und Hoffnung auf einen neuen, glücklichen Weg in Harmonie und Balance. Du hast die Gabe, heilsame Visionen zu empfangen, vertraue und folge diesen.

Rosa (inneres Herzchakra): Fürsorge, Herzensöffnung, Mitgefühl, Liebe, Urvertrauen; *Geistige Wesen:* Orion und Angelika, Paolo Veronese, Amora, Erzengel Chamuel und Lady Charity, Nada, Engel der liebenden Fürsorge, inneres Kind;

Steht für: Kreativität, Magnetismus, Wunscherfüllung, Urvertrauen, Empfänglichkeit, Hingabe;

Lindert: erfahrene Vertrauensbrüche, Minderwertigkeitsgefühle, Schüchternheit;

Botschaft: Öffne dein Herz immer und immer wieder. Richte deinen inneren Magneten aus und vertraue darauf, dass er alles in dein Leben ziehen wird, was du dir wünschst.

Lasse deinen inneren Magneten strahlen, leuchten und funkeln, und verleihe deiner Kreativität Ausdruck. Male, schreibe, bastle, musiziere, singe, öffne dich für die kreativen Impulse deines Herzens. Vertraue der Kraft der Liebe. Du kannst andere im Herzen berühren.

Gelb (Solarplexus): Bewusstsein, Selbstbewusstsein, Frieden, Zentrierung, klares Denken, Eigenverantwortlichkeit, Kraft;

Geistige Wesen: Pallas Athene, Kuthumi, Konfuzius, Weisheitslehrer, Kassiopeia und Minerva, Erzengel Jophiel und Lady Christina, innerer Lehrer;

Steht für: Energie, positive Ausstrahlung, Aufbau von Selbstwertgefühl, Eigenverantwortung, Anregung und Freude im gegenwärtigen Augenblick, das Handeln aus der Mitte heraus, seine Kraft für den Frieden einsetzen;

Lindert: Sorgen und Groll, hilft bei Neid und Sich-Vergleichen mit anderen, lindert Machtkämpfe und Machtgehabe;

Botschaft: Komme zu dir. Gehe in deine Mitte. Zentriere dich in dir. Sammle dich in deinem Kraftzentrum, und richte dich aus. Gib deinen Lebenszielen Aufmerksamkeit, Energie und Kraft. Lausche der Botschaft deines inneren Lehrers. Folge deinen Talenten und deiner Sehnsucht. Handle eigenverantwortlich aus deiner Anbindung heraus, übernimm Verantwortung. Du hast die Gabe, andere zu unterrichten und Weisheiten zu übermitteln.

Rosa-Gelb (Apricot) (Nabelchakra): liebende Flamme, Wärme, Geborgenheit, innere Sicherheit, wechselseitiger Austausch, liebevoller Umgang, Leidenschaft;

Geistige Wesen: Lady Venus, Engel der Wärme und Geborgenheit; Engel der Versöhnung;

Steht für: Wärme, Konzentration, Sammlung von Energie, Geborgenheit und die innere Flamme, stärkt die eigene Kraft, gibt Mut und Vertrauen, gibt Kraft weiterzugehen, hilft, auf sich selbst und die eigene Intuition zu hören;

Lindert: jede Art von Kälte und Angst, gleicht aus in Beziehungen, hilft, Ängste zu überwinden und neue Wege zu gehen, hilft, sich anderen Ebenen zu öffnen und die Liebe statt die Angst sprechen zu lassen.

Botschaft: Wärme dich an deinem inneren Feuer, lasse zu, dass diese Wärme und dieses Licht alle Ängste verscheucht und dich öffnet für die Freude, das Lachen, die Versöhnung und die Leidenschaft. An diesem inneren Platz kannst du mithilfe deiner Engel alles aussprechen, was dich belastet, und dich aussöhnen mit alten Verletzungen. Das wärmende Feuer der Geborgenheit hilft dir, dich neuen, kreativen Impulsen und heilsamen Kräften zu öffnen.

Orange (Sakralschakra): Heilung von Beziehungen, Austausch, Freude, innere Wärme; *Geistige Wesen:* Amore, Lady Gaia, Lady Pele, die Göttin, Engel der Beziehung;
Steht für: Balance zwischen Geben und Nehmen, Verbindung von Himmel und Erde, Versorgung, Anreicherung, Bereicherung, liebevollen Umgang miteinander, Freundschaft;
Lindert: Süchte jeder Art, Abschied von geliebten Personen, Trauer, Liebeskummer, Beziehungsprobleme;
Botschaft: Du bist frei, frei, ewig frei. Öffne dich der Freiheit in Liebe. Lasse alte Vorstellungen und überholte Ansichten los, übergib Dinge, die nicht mehr zu ändern sind, in die Hände der Engel und Lichtwesen, und öffne dich der Weisheit der neuen Zeit. Du bist willkommen, getragen und geborgen im Lichte der Liebe. Lasse deine Wärme und Fürsorge in die Welt strahlen.

Rubinrot (Basischakra): Lebensenergie, aktive Liebe, Versorgung, Dienen, Geduld, Ausdauer, Stärkung, Mut;
Geistige Wesen: Christus, Tranquilius und Pazifika, Peace und Aloha, Erzengel Uriel und Aurora, Lady Rowena, Engel des Dienens, Engel der Basis;
Steht für: Kraft, Energie, aktive Liebe, Lebensenergie, Verbin-

dung, Selbstverantwortung, Dienen, Ausrichtung, Lenkung der eigenen Kraft im Sinne des göttlichen Plans, herrschen heißt dienen;

Lindert: Ohnmachtsgefühle, Schwächen jeder Art, Kraftlosigkeit, Opfer-Täter-Verhalten, Verhaftungen in starren Rollen, die einen nicht weiterbringen;

Botschaft: Richte dich auf, und setze dich für deinen Weg ein. Als geistig-göttliches Wesen hast du alle Kraft, die du brauchst, um dich neu auszurichten, aufzuladen und weiterzugehen. Du kannst andere motivieren und anleiten, setzt dich für andere ein.

Braun (Erdung): Stabilität, Ruhe, Geduld, Ausgeglichenheit, Balance, Wurzeln;

Geistige Wesen: Naturwesen, Engel der Erde;

Steht für: Zentrierung, Besinnung auf die eigene Kraft, Stabilität und Anbindung, Erdung, Dasein, Ruhe und Balance;

Lindert: Instabilität, Erschöpfung, Wankelmut, Sich-nicht-festlegen-Wollen, Flüchten, Unruhe, Spielball für andere zu sein, nicht zu wissen, was man will;

Botschaft: Ohne Wurzeln keine Flügel. Besinne dich auf deine innere Kraft, verankere dich, und richte dich aus. Bringe dein Energiefeld in Balance und schaue, was du brauchst. Sorge für dich, deinen Körper und die Balance zwischen Schlafen und Wachen, angemessenes Essen, Flüssigkeit ... (Braun in der Aura kann auf Erschöpfungszustände und Schwachstellen hinweisen.)

Schwarz (Erdenstern): Abgrenzung, Rückzug, Ruhe, Stille, Erneuerung und Wiederbelebung;

Geistige Wesen: Karmischer Rat, liebevolle Ahnen, Engel der Stille;

Steht für: Abgrenzung, Selbstbestimmung, Stabilität, Selbstfindung, Einweihung, Neuordnung, Tiefe und Stille, hilft, bei sich selbst zu bleiben, Neuanfang;

Lindert: Abhängigkeiten jeder Art, Fremdbestimmung, Ablenkung;

Botschaft: In der Ruhe und Stille gewinnst du Erkenntnisse über dein wahres Wesen, über die Unsterblichkeit des Geistes und den Samen, der in deinem Wesen aufgehen möchte. Aus der Ruhe erwächst die Kraft für einen Neuanfang. Du trägst die Kraft der Materialisation in dir.

Silber (Spiegelung): Reflexion, Spiegelung, Vision, Schutz, Intuition, Klarfühlen, Klarwissen, Innenschau;

Geistige Wesen: Luna, Engel der Intuition, Wesen des Wassers, Hüter des Kelches, Lady Avalon;

Steht für: Schutz, Vertrauen auf die eigene Intuition, innere Vision, Innenschau, Erkenntnis, Klarfühlen, inneres Wissen, Tiefe, Reflexion;

Lindert: Verwirrung und Verirrung, Starre, Dunkelheit;

Botschaft: Beruhige dein inneres Wasser, und schaue in den Spiegel der Wahrheit. Wahrheit ist der größte Schutz auf Erden. Wer nichts zu verbergen hat, muss sich nicht verbiegen. Vertraue deiner Intuition und deiner inneren Führung. Du bist beschützt und behütet. Deine Führung leitet dich sicher. Achte auf deine Träume und Eingebungen. Lerne, deine Wirklichkeit auszuloten.

Alle Farben: Flexibilität, ungeahntes Potenzial, geistige Freiheit, Neuausrichtung;
Geistige Wesen: gesamtes Engelteam, das jeden umgibt;
Steht für: Veränderung, Neuausrichtung, Führungswechsel, neue Möglichkeiten, die Kraft im Inneren;
Lindert: Abhängigkeit vom Außen;
Botschaft: Dein Engelteam umgibt dich und versorgt dich mit den Farben des Lebens. Du wirst neu aufgeladen und ausgerichtet. Öffne dich für neue Möglichkeiten in deinem Leben.

Checklisten für die Reise

Dies sind nur Vorschläge. Anhand der Checklisten können Sie schauen, ob Sie für die Reise soweit alles zusammen haben.

Wohnortcheck

- Jemand, der den Briefkasten leert, die Blumen gießt, sich eventuell um die Haustiere kümmert und weiß, wo, wie und wann man erreichbar ist
- Heizung abgedreht
- Herd ausgestellt
- technische Geräte (Computer, TV, Radio, Waschmaschine ...) ausgeschaltet
- Gartenschlauch abgedreht
- Fenster zu – besonders auch Dach- und Kellerfenster
- Vorratsschrank und Kühlschrank gecheckt
- Lebensmittel, die verderben könnten, aussortiert
- Müll entsorgt
- Wertsachen sicher verstaut
- Rechnungen bezahlt (bei längeren Reisen: Steuererklärung gemacht)
- Türen und Fenster verriegelt
- Wohnung, Haus, Grundstück gesegnet

Handtasche

- Schlüssel
- gültige Reisepässe und Visa
- gültiger Personalausweis
- Reiseunterlagen und Infos (Tickets, Hotelinformationen, Wechselkurse, Karten)

- sonstige Ausweise, die man für die Reise benötigt (Jugendherbergsausweis)
- für manche Länder: Impfpass, Auslandskrankenschein
- Führerschein (internationaler Führerschein)
- Geldbeutel mit Kreditkarten und Kleingeld in der entsprechenden Währung
- Brille, Sonnenbrille, Kontaktlinsen
- Handy
- Timer, Notizbuch und Stift
- Taschentücher
- Bürste
- Kosmetik (Lippenstift, Kajal, Deo)
- Zahnpflege- und Reisekaugummis, Riechfläschchen, Notfalltropfen
- eventuell Globuli oder Medikamente gegen Reiseübelkeit, Angelic und Orion (Aura-Soma) gegen Jetlag
- Fotoapparat, mp3-Player
- Buch, Reiseführer, Flugvorbereitung
- Schutzsymbol

Kleiner Koffer
- Laptop, Kamera
- Kleidung zum Wechseln (zum Beispiel bequeme Kleidung für lange Flüge)
- Waschbeutel (oder Kosmetikkoffer)
- Schuhe, Socken, Strumpfhosen zum Wechseln
- Jacke
- Wecker, Uhr
- Mütze, Hut, Schlafmaske
- Snacks und etwas zu trinken
- Tagebuch

- kleine Reiseapotheke
- kleiner Taschenaltar (Bilder, Raumspray ...)
- eventuell kleines Geschenk für Gastgeber

Großer Koffer

- Unterwäsche
- Socken
- T-Shirts
- Long Shirts
- Hosen, kurz, lang
- Röcke, Kleider
- Jacke
- Sportsachen
- Schuhe (Hausschuhe, Wanderschuhe, Sportschuhe, Sandalen, Badeschuhe)
- Schlafanzug
- Waschbeutel
- Badesachen und Sonnenschutz und Strandtuch
- Mückenschutz
- Medizin, die man eventuell braucht
- eventuell Handtücher, Bettbezug, Schlafsack, Bademantel
- schönes Tuch

Waschbeutel

- Duschmittel
- Haarshampoo und Pflegespülung
- Zahnbürste und Zahnpasta
- Waschlappen
- Deo
- Rasiersachen
- diverse Kosmetiksachen

Für Kinder und Babys

- Windeln
- feuchte Tücher
- Creme, Sonnencreme
- Trinkflasche
- Gläschen, Löffel und Schälchen
- Umziehkleidung (Body, Strumpfhose, Hose, Shirt, Socken)
- Schnuller
- Mütze
- Spucktuch und Lätzchen
- Kleines Handtuch
- Kuscheltier & Spielzeug
- dünne Decke
- eventuell Tragetuch

Quellennachweis

Adler, Gerhard: Erinnerung an die Engel. Freiburg 1986

Die Heilige Schrift, Einheitsübersetzung, Katholische Bibelanstalt GmbH, Stuttgart, 1980

Felici, Icilio: Fatima. Rom 1979

Findhorn Foundation: The Findhorn Garden. London 1975

Kübler-Ross, Elisabeth: Über den Tod und das Leben danach. Melsbach 1989

Maclean, Dorothy: Du kannst mit Engeln sprechen. Grafing 1990

Meacham, Daniel: Worte der Weisheit – mehr gute Ratschläge. New York 1989

Moody, Raymond A.: Leben nach dem Tod. Reinbek 1977

Moddy, Raymond A.: Das Licht von drüben. Reinbek 1989

Redfield, James: Das Buch von Celestine. München 2000

Ruland, Jeanne: Das große Buch der Engel. Darmstadt 2000

Ruland, Jeanne: Die lichte Kraft der Engel. Darmstadt 2000

Ruland, Jeanne: Die Gegenwart der Meister. Darmstadt 2001

Ruland, Jeanne: Engelsüppchen. Darmstadt 2006

Steiner, Rudolf: Die geistigen Wesenheiten in den Himmelskörpern und Naturreichen. Dornach 1984

Swedenborg, Emanuel: Himmel und Hölle, aufgrund von Gehörtem und Gesehenem. Zürich 1977

Wikipedia, freie Enzykopädie: www.wikipedia.de

Ökumenisches Heiligenlexikon www.heiligenlexikon.de/